Dolfijn in gevaar

Dolfijn in gevaar

Niels Rood

Met illustraties van Yke Reeder

Van Holkema & Warendorf

Voor Mikkie

ISBN 978 90 475 1309 4
NUR 282
© 2010 Uitgeverij Van Holkema & Warendorf
Uitgeverij Unieboek | Het Spectrum bv, Postbus 97, 3990 DB Houten

www.unieboekspectrum.nl
www.nielsrood.nl
www.dolphinrescueteam.nl

Tekst: Niels Rood
Illustraties: Yke Reeder
Omslagfoto's: Johan Bosgra en Dr. A.H. Kopelman voor CRESLI,
met dank aan Jachthaven/Watersportcentrum De Eemhof, Zeewolde,
en Minke-Dive, Harderwijk
Omslagontwerp: Ontwerpstudio Bosgra BNO, Baarn
Zetwerk binnenwerk: ZetSpiegel, Best

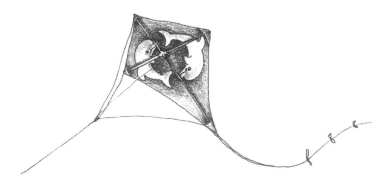

Opgepikt

De man leek aardig genoeg. Dat was niet de reden dat Quinty haar adem inhield. Hij had eruitgezien alsof hij wist wat hij deed met zijn immense vlieger. Maar was dat ook echt zo? Cas vloog af en toe een halve meter de lucht in.

Ze waren eerst zelf gaan vliegeren, hun eigen vlieger was veel kleiner. Het waaide hard, geen weer om lekker op een handdoek in het zand te gaan liggen. Het was best lekker warm. Quinty had alleen een kort felgeel broekje over haar bikini aan. Deze meivakantie hadden ze echt mazzel met het weer. Alleen blies de wind het zand met hoge snelheid over het vlakke zandstrand.

Weer vloog Cas een eind door de lucht. Hij was met hun vlieger naar de man toe gerend en had hem trots laten zien. Al was de vlieger eigenlijk van Quinty. Natuurlijk kreeg Cas het aanbod de kite van de man eens vast te houden. Dat was waarschijnlijk ook Cas' bedoeling geweest. Zo uitgekookt was haar buurjongetje wel, al zag hij er onschuldig uit met zijn grote blauwe ogen. 'Even vasthouden' werd een spoedcursus kiten. Quinty keek naar de grote vlieger. Een paarsblauwe matras, die als een herfstblaadje dwarrelde in een storm, maar dan duizend keer groter.

Ze had haar ogen bijna dicht vanwege de felle zon, die al was gaan zakken en haar af en toe verblindde.

'Cas!' Quinty schrok opnieuw. Nu was de afstand tussen de grond en Cas' bengelende voeten al groter dan Cas zelf. Die was niet heel lang voor zijn leeftijd, maar toch. Ze rende een paar passen op hem af, maar zag dat Cas' voeten de grond alweer raakten.

'Alles onder controle, hoor!' riep de man naar haar. Toch liep ze hun kant op. Hij stond daar veel te rustig en Cas was intussen al een behoorlijk eindje van hem verwijderd. Ze hoorde haar buurjongen lachen. Zelf glimlachte ze. Ze kende Cas al sinds ze in de box zaten en zolang ze zich kon herinneren, zocht hij de gevaren op. Ze stond nu vlak bij Cas, die ontdekt had hoe hij de kite een achtje kon laten maken.

'Dit is kicken, joh, Quint! Wil jij niet?'

Ze haalde haar schouders op. Het leek haar leuk, maar ook gevaarlijk. Nu zag het eruit alsof Cas de vlieger kon laten doen wat hij wilde, maar af en toe was het ook andersom. Dan speelde de vlieger met Cas. Dat vond hij er natuurlijk zo kicken aan.

Ze voelde de windvlaag nog eerder dan dat ze zag wat er gebeurde.

'Hé!' hoorde ze achter zich. De man schrok blijkbaar ook.

Cas vloog een paar meter de lucht in. Hij tolde om zijn as en keek angstig naar beneden.

'Niet loslaten!' brulde Quinty. Ze wist niet of hij het van plan was, maar het zou typisch iets voor Cas zijn. En dan zijn benen breken. Hoe vaak was ze niet mee geweest naar de spoedeisende hulp om hem gezelschap te houden als hij moest wachten op een foto? Hoe vaak had ze haar handtekening al gezet op gips om een of ander lichaamsdeel?

Ze was naar hem toe aan het rennen, voelde de wind in haar rug. Maar Cas leek alleen maar verder te zweven, hoog boven haar. De wind had hem opgepikt alsof hij een plastic tasje was.

'Als je valt, moet je je klein maken en doorrollen!' schreeuwde de man die achter Quinty aan rende.

'Ik val niet!' riep Cas. Het klonk alsof hij er wel blij mee was.

Quinty had gedacht dat de wind hem geleidelijk en rustig aan weer op het strand zou zetten. Maar uit de woorden van de kiter begreep ze dat de wind ineens weg kon vallen. Dus Cas hoefde niet eens los te laten om zijn benen te breken.

Ze nam een besluit. Ze moest de longen uit haar lijf rennen, maar ze was nu vlak onder hem. Cas was nog te hoog in de lucht om te doen wat ze van plan was. Maar hij leek langzaam wat te zakken. Ze reikte omhoog, maar kon er niet bij. Waar was die kerel nou? Ze had geen tijd om over haar schouder te kijken, want Cas vloog alweer verder.

'Help!' riep hij nu. Het was over met het stoere gedrag dat hij normaal liet zien.

Ze nam een aanloop en zag dat Cas weer even wat lager zweefde. Nu of nooit, dacht ze terwijl ze sprong.

Ze sprong met alle kracht die ze in zich had. En het lukte. Ze hing aan zijn been.

Even dacht ze dat ze net zo makkelijk meegenomen werd door de vlieger als Cas alleen. Ze trappelde als een bezetene met haar benen. Gelukkig voelde ze het strand. Ze gaf een ruk aan Cas' benen, naar rechts, met de wind mee, en gooide zichzelf tegen het zand. Ze rolden over het strand, hapten zand, kregen het in hun ogen. Maar de kite moest nu niet alleen hun gewicht tillen, maar ze ook door het stroeve zand trekken. Dat bleek te veel. Even leek de matras doodstil in de lucht te hangen. De touwen die Cas nog steeds vast had, waren strak gespannen. Toen dook de kite een eind naar beneden.

Tegelijk stond de eigenaar van de kite naast hen en trok aan de lijn.

Quinty bleef voor de zekerheid liggen, maar Cas stond op. 'Hier,' zei hij tegen de man, 'je vlieger.' Cas spuugde wat zand uit zijn mond en keek alsof er niets gebeurd was. Quinty krabbelde overeind.

'Bedankt,' zei de man hijgend. 'Dat was misschien niet zo'n slimme actie van mij.'

'Ik vond het vet,' zei Cas. 'Jij bedankt.'

'Gek,' zei Quinty. 'Je was bijna voorgoed naar boven gevlogen.'

'Nou en? Het voelde geweldig.' Cas had alweer een grote glimlach op zijn gezicht.

'Je riep wel "help" anders,' zei Quinty.

'Dat was een grapje,' antwoordde Cas. Quinty liet het er maar bij. Cas zou toch nooit toegeven dat hij bang was geweest.

'Bedankt,' zei de man nog een keer tegen haar. 'Het was een goed idee om aan zijn benen te gaan hangen.'

Ze haalde haar schouders op. Aan de ene kant was ze blij met het compliment. Aan de andere kant, hij had ook wel sorry mogen zeggen.

'Doei,' zei ze.

'Ciao,' zei de man en hij ging aan de slag met het ontwarren van de lijnen van zijn kite.

Ze speelden nog even met hun eigen vlieger. Hij was donkerblauw met zilvergrijze dolfijnen erop, die je lachend aankeken vanuit de lucht. Dolfijnen waren Quinty's lievelingsdieren. In het Omniversum in Den Haag had ze in de kerstvakantie een film over dolfijnen gezien. In haar oren droeg ze vaak dolfijntjes en ze hield een blog bij op Hyves, waar ze over dolfijnen schreef. De moeder van Cas had een keer gezegd dat ze genoeg airmiles had gespaard om met zijn allen naar het dolfinarium te gaan, maar ze waren er nog steeds niet geweest.

Na een tijdje liepen ze terug naar de camping. Cas wilde zijn avontuur vertellen aan hun ouders. Ze stonden met twee grote familietenten naast elkaar. Ellen, de moeder van Cas, luisterde met open mond naar het verhaal van haar zoon. Quinty's moeder was nergens te bekennen. Paul en Paul, hun vaders, kletsten door alsof het ze niets kon schelen dat Cas bijna te pletter was gestort.

'Overdrijft hij niet heel erg?' vroeg Ellen aan Quinty. Ze keek onderzoekend, maar met een lach op haar lippen.

Quinty schudde haar hoofd. 'Het was doodeng!'

'Nou, blij dat je veilig bij ons bent, mannetje,' zei Ellen. Ze had allemaal bijnamen voor Cas, ze noemde hem bijna nooit bij zijn echte naam.

'Heb je het niet gehoord, pap?' vroeg Quinty op een strenge toon. Ze vond dat haar vader wel wat meer interesse mocht tonen. 'Cas was bijna voor eeuwig de lucht in verdwenen.'

'Hoezo dat dan?' vroeg haar vader met opgetrokken wenkbrauwen. 'Had hij een vliegende vis aan zijn hengel?'

De andere Paul lachte overdreven hard om haar vaders grapje.

'Pa-hap,' zei Quinty. 'Doe niet zo stom. Het was echt eng, hoor.'

'Klopt dat, Cas?' vroeg haar vader. 'Was het eng?'

'Echt niet,' zei Cas vrolijk. 'Het was juist kicken.'

'Zie je wel?' zei haar vader.

'En daarbij, anders hadden we toch gewoon een nieuwe gehaald in de dommejongetjeswinkel?' zei de andere Paul. En nu moest haar vader heel hard lachen. Zogenaamd boos draaide Quinty zich om. Als die twee bij elkaar waren, viel meestal niet met hen te praten.

'Wat gaan we eten?' vroeg ze aan Ellen.

'Je moeder haalt vlees voor op de barbecue.'

'Lekker. Je mag haar wel Suzanne noemen, hoor,' zei Quinty.

Ellen grijnsde. 'Zeer bedankt voor de toestemming, mevrouw Van den Akker.'

'Pfff,' zei Quinty. Wat waren ze weer grappig met zijn allen. Ze dook in haar tas voor haar Nintendo DS. Met grote mensen praten die een wijntje voor hun neus hadden, had totaal geen zin. En Cas zat intussen ook te gamen, alsof hij het hele voorval allang vergeten was.

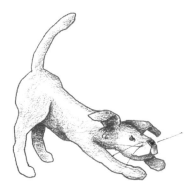

Gevonden

Na een regenachtige nacht was het nu zonnig. Quinty kroop haar slaaptent uit om naar de wc te gaan. Het rook lekker op de camping. In de verte schreeuwden de meeuwen alsof ze uitgehongerd waren. De zon scheen, maar heel warm was het niet. De meeste mensen sliepen nog. Het was zo te zien erg vroeg.
Ze kwam terug bij de tent en aarzelde even. Cas sliep nog. Zou ze haar tent weer inkruipen? Maar ze was klaarwakker. Ze draaide zich om en liep richting het strand. Ze kon kijken of ze wat mooie schelpen kon vinden. Toen ze de duinen over was, zag ze een groot schip in zee liggen. Het was zwart met donkerrood. Lag het stil? Of voer het heel langzaam? Ze kon het niet zien. Ze vroeg zich af hoe het zou zijn om aan boord van zo'n schip te werken. Je had alle ruimte om je heen, maar toch zat je heel krap met alle andere bemanningsleden op een kluitje. En zou ze kunnen slapen aan boord van zo'n schommelend schip? Als ze in de auto niet steeds naar buiten bleef kijken, werd ze al wagenziek. Zou ze op zo'n schip niet zeeziek worden?
Ze slenterde langs de kustlijn. Schuim van de golven schitterde in de lage zon, in alle kleuren van de regenboog. Het was eb: het

strand was voor een groot deel nog nat. Er lag een touw, maar ze vond het er te vies uitzien om op te pakken. Cas zou dat wel hebben gedurfd. Maar die had het dan weer meteen voor haar neus laten bungelen. Ze besloot hem te gaan halen. Langs het strand lopen was leuk, maar met zijn tweeën wel wat gezelliger.

Ze hoefde maar twee keer te schudden voor hij wakker werd. Ze lieten hun ouders lekker doorslapen. Anders moesten ze meteen gaan tandenpoetsen en eten. Cas trok een T-shirt aan en liep mee in de zwembroek waarin hij geslapen had, zijn warrige blonde haar alle kanten op.

Het was inderdaad leuker. Ze probeerden elkaar te bekogelen met schuim en voetballen met aangespoeld piepschuim. Ze deden de meeuwen na en Cas beweerde dat hij wist wat ze riepen.

'Wat dan?' vroeg Quinty.

'Die ene, die dikke, die roept steeds "lekker ding, lekker ding".'

Quinty lachte. 'Ja hoor.'

'Echt!' zei Cas. 'Naar jou, denk ik.'

'Roep maar terug dat hij iemand moet zoeken van zijn eigen soort,' zei Quinty. 'Zullen we doen wie het eerste bij dat dammetje is?' Ze wachtte niet op antwoord en rende meteen weg. Ze wist dat Cas het niet kon laten om ook te gaan sprinten.

Vlak bij de dam stond ze ineens stil. Cas schoot haar voorbij.

'Gewonnen, gewonnen,' zong hij. Maar Quinty kon geen woord meer uitbrengen. Ze kon alleen maar wijzen.

'Kijk dan!' perste ze er eindelijk uit en ze wenkte Cas. Zolang hij bij de dam stond, kon hij het niet goed zien.

Op de stenen, iets verder in het water, lag een dolfijn.

Cas was aan komen lopen en kon ook even alleen maar staren. Het dier was bijna twee meter lang. De snuit was lichter dan de rest van het lijf en er was ook een duidelijke scheiding tussen de andere donkere en lichte delen. Het ging niet goed met de dolfijn, dat kon Quinty zo zien.

Quinty schopte haar slippers uit en liep voorzichtig een paar passen het water in. Cas volgde haar voorbeeld. De dolfijn keek naar hen en leek een beetje bang.

'Sjjj, stil maar,' fluisterde Quinty.

'Ligt hij niet uit te drogen, in de zon?' vroeg Cas.

Quinty knikte. 'Dat denk ik ook. We moeten hem nathouden. En iemand gaan halen.'

'We moeten de taken verdelen,' zei Cas. 'Blijf jij maar bij hem. Ik ren harder.'

'Goed,' zei Quinty. Ze voelde zich aangetrokken tot het arme beest en wilde er per se bij blijven. Cas had de dolfijn een hij genoemd, maar Quinty had het gevoel dat het een vrouwtje was. Een jong vrouwtje om precies te zijn. Ze zette nog een stap richting de dolfijn en bleef haar aankijken. Ze maakte een kommetje van haar handen, schepte wat water op en gooide dat naar het gestrande dier. De helft viel halverwege naar beneden, maar er kwam toch wat op de grijszwarte huid terecht. Verbeeldde ze zich het of keek de dolfijn haar dankbaar aan?

Cas was al weggerend. Wie zou hij gaan halen? Een van hun ouders? Maar wat wisten die van gestrande dolfijnen? Quinty wist er waarschijnlijk nog meer van. Voor haar stukjes op Hyves zocht ze van alles op. Maar wat ze moest doen als ze een gestrande dolfijn vond, daar wist ze niet zoveel vanaf. Ze hoopte dat Cas naar de politie ging of naar een strandtent of zo.

Weer gooide ze wat water over de dolfijn, die haar daarna even aankeek en een fluittoontje liet horen. Aangemoedigd ging Quinty vlakbij staan, zodat ze wat meer water over het dier kon gooien. Ze snapte het niet. Als de dolfijn het zo warm had, waarom zwom ze dan niet gewoon weg? Ze hoefde zich maar een stukje naar beneden te laten rollen of ze zou al in de branding liggen, met de hele zee voor zich alleen.

Ze hurkte naast de dolfijn en maakte haar nu zo nat mogelijk. Ze

13

voelde de aandrang om haar te strelen, maar deed het niet. Misschien vond ze dat helemaal niet prettig. Ze was natuurlijk geen mensen gewend.

'Rustig maar,' zei Quinty zachtjes. 'Mijn beste vriendje is al hulp gaan halen en hij kan heel hard rennen.'

En toen deed ze het toch. Ze pakte zoveel mogelijk water en terwijl ze dat over de huid van het dolfijntje liet lopen, streelde ze de huid. Die voelde heel zacht. Zacht en glad. Precies op dat moment keken Quinty en de dolfijn elkaar aan.

Quinty wist nu zeker dat ze alles zou doen wat nodig was om het dier te redden. De dolfijn zag er heel slecht uit, maar Quinty zou haar niet in de steek laten. Nooit.

Ze plensde nu onophoudelijk water over Dolfijntje, zoals ze haar in gedachten noemde, en streelde de huid na elke keer. Ze kon merken dat de dolfijn er blij mee was. Het was logisch als je erover nadacht: dolfijnen die het naar hun zin hadden in het koude Noordzeewater, hadden het in de zon natuurlijk al snel te warm. Dolfijnen waren zoogdieren en hadden warm bloed, net als mensen. De goede temperatuur was belangrijk voor hen.

'Rustig maar,' zei ze nog een keer, ook al verstond de dolfijn er niks van. 'Het komt wel goed met je, Dolfijntje. Dat beloof ik je.'

Achter zich hoorde ze iemand fluiten. En nog eens. Ze keek over haar schouder. Een hond met lange haren rende over het strand naar haar toe. Hij leek zich niets aan te trekken van zijn fluitende baasje. Quinty was niet bang voor honden, maar Dolfijntje en een snuffelende hond leek haar niet zo'n goede combinatie. Dat beest moest wegblijven!

Ze ging rechtop staan. De hond was al een stuk dichterbij. Wat kon ze doen? Ze maakte zich zo breed mogelijk en riep 'Weg jij!', maar daar trok het beest zich weinig van aan. Geen wonder, als hij al niet naar zijn baasje luisterde, zou hij vast ook niet naar haar luisteren. Ze keek snel naar de dolfijn, die een onrustige indruk maakte. De hond remde af, ongetwijfeld om Quinty en Dolfijntje eens goed te gaan bekijken. Quinty keek radeloos om zich heen. Toen zag ze een stuk aangespoeld hout liggen. Ze moest Dolfijntje heel even alleen laten om het te pakken, maar was in twee stappen weer bij haar terug, het stuk hout in haar hand. De hond stond hijgend voor hen en keek vragend omhoog. Dolfijntje schuifelde nerveus heen en weer.

Zo hard als ze kon gooide Quinty het stuk hout richting de eigenaar van de hond, die nog steeds naar zijn hond floot en hun kant op wandelde. Gelukkig begreep de hond de bedoeling en rende achter het stuk hout aan. Het vloog een heel eind door de lucht: het was vermolmd en daardoor niet zwaar.

'Hou dat beest bij je!' riep ze naar de eigenaar. Dat klonk misschien niet heel aardig, maar ze had geen tijd voor beleefdheden. De hond had het stuk hout te pakken. Quinty hield haar adem in. Wat zou hij doen? Ze hoopte dat hij naar zijn baasje zou rennen. Maar het beest draaide haar kant op. Net toen hij wilde gaan rennen, floot zijn baasje opnieuw. Hij aarzelde, maar liep toen toch naar de man toe. Die pakte het hout uit zijn bek en gooide het een eind weg, veel verder dan Quinty had gehaald. En gelukkig de andere kant op.

Snel begon ze Dolfijntje weer af te koelen met zeewater.

'Quinty!' hoorde ze achter zich roepen. Dat was Cas. Meteen keek ze wie hij bij zich had. Ze waren nog ver weg, maar het was in ieder geval een man. En niet Paul of Paul. Dat betekende dat ze geluk konden hebben, en Cas iemand had gehaald die verstand had van gestrande of zieke dolfijnen.

Cas was er het eerst en stond hijgend stil. De man had stevig doorgelopen, maar niet gerend en kwam iets later aan.

'Goed zo,' zei hij tegen Quinty, toen hij zag dat ze nog steeds water over Dolfijntje gooide.

'Fijn dat u er bent,' zei Quinty opgelucht.

De man haalde zijn schouders op. Hij was heel kalm en leek geen enkele haast te hebben.

'Ik dacht eerlijk gezegd dat je broertje maar wat zei. Zo vaak gebeurt dit hier niet.'

'Ik ben haar broertje niet,' zei Cas. 'We zijn beste vrienden.'

'Ook goed,' zei de man. 'Mijn naam is Karel van de Wetering. Zeg maar gewoon Karel.'

'Moet u niet wat doen?' vroeg Quinty.

'Er is van alles te doen,' zei Karel. 'Maar het belangrijkste doe jij al. Hem koelen.'

'Ik dacht dat het een zij was,' zei Quinty, een beetje zachter dan haar bedoeling was.

'Het is in ieder geval een jonkie,' zei Karel. 'Een witsnuitdolfijn. Daar zitten er een paar duizend van in de Noordzee. Ik zal eens kijken.'

De man bukte, pakte Dolfijntje zonder aarzelen vast en draaide haar iets. Wat had Quinty dan moeilijk gedaan. Dolfijntje vond het wel best.

'Je hebt gelijk,' zei Karel. 'Een vrouwtje. Een meisje.'

'Ik noem haar Dolfijntje,' zei Quinty.

Cas grinnikte, maar protesteerde gelukkig niet.

'Hmm,' zei de man. 'We geven gestrande dieren in het begin nooit een naam.'

'Waarom niet?' vroeg Quinty verbaasd. Maar op dat moment begon een portofoon aan de broekriem van Karel te kraken.

'Karel, kom uit.'

'Karel hier. Harmen?'

'Ja. We rijden nu het strand op. Bij welke dam sta je precies?'

Karel keek om zich heen. 'Paal 19.'

'Hoe weet hij dat?' vroeg Cas, die niet meer hijgde maar wel opgewonden klonk. 'Er staan helemaal geen nummers op.'

'Hij zal het hier wel kennen,' zei Quinty gedempt, omdat Karel

16

en de andere man nog aan het praten waren. 'Wie is het eigenlijk?'
'Zo'n strandwacht.' Cas wees. 'Je hebt daar verderop zo'n hokje
en daar zat hij in. Hij heeft meteen de dierenambulance gebeld.
Daar staat hij mee te kletsen nu.'
'Wie staat er te kletsen?' vroeg Karel, die klaar was met Harmen.
'Kom, ga je beste vriendin helpen, die heeft een lamme arm van
al dat water scheppen.'
'Ik zoek wel iets om water mee te scheppen,' zei Cas en hij begon
onmiddellijk om zich heen te kijken. Het was misschien wel een
goed idee.
'Waarom mag ze eigenlijk geen naam hebben?' vroeg Quinty.
'Voor als ze haar af moeten maken,' zei de man kalm. Hij keek er-
bij of het de gewoonste zaak van de wereld was.

Opgetild

Cas kwam terug met een lekke emmer. Toch was dat gemakkelijker water scheppen dan met je handen. Dolfijntje vond het best dat Cas ook in de buurt kwam om water over haar heen te scheppen. Quinty voelde dat haar been begon te slapen van al dat hurken. Ze streelde Dolfijntje nog een keer en kwam overeind. Ze kon nog steeds niet goed nadenken door die opmerking van de strandwacht. Voor als ze haar af moeten maken.

Dat mocht nooit gebeuren. Ze keek naar het zwart-witte dier, de vrolijke uitdrukking en haar kleine vriendelijke ogen. Ze was dus inderdaad nog heel erg jong. Oké, ze hoorde hier niet aangespoeld te liggen, maar wat haar ook mankeerde, ze kon er toch wel weer bovenop komen?

In de verte kwam een witte bestelbus aanrijden. Hij reed niet hard. Bandensporen trokken een rechte streep door het zand achter hem.

Snel wendde Quinty zich tot Karel. Als die bestelbus er zou zijn, was er vast geen aandacht meer voor haar.

'Wat gaat er nu met haar gebeuren?'

Opnieuw haalde de strandwacht zijn schouders op. 'Eerst onderzoeken. Sommige dieren zijn gewoon niet meer te redden. Dan moeten ze haar... dan kun je haar beter laten inslapen.'

'Maar kunnen ze haar dan niet opereren of zoiets?'

'Dat weet ik niet,' zei Karel. 'Ik heb er niet heel veel verstand van. Er is een organisatie voor, die heb ik gebeld. SOS Dolfijn. Ze zitten in het dolfinarium. Als de dierenambulance denkt dat de dolfijn het ritje overleeft, wordt ze daarheen gebracht.'

Quinty was al iets meer gerustgesteld. Het klonk nu tenminste alsof er oplossingen waren. Ze hurkte weer bij Dolfijntje neer en gooide opnieuw water over haar heen. Cas gaf haar de emmer, want het witte busje was gearriveerd en Cas liep eropaf.

'Wij hebben haar gevonden,' zei hij brutaalweg, toen er twee mannen in groene overalls uit de bus stapten.

'Goed zo,' zei de man, maar hij liep meteen door het water in. Bij Dolfijntje stond hij eerst even te kijken. Daarna bukte hij zich over haar heen. Quinty schuifelde opzij. De man legde zijn hand achter op de kop van het dier en liet haar even wennen. Toen schoof hij zijn andere hand onder de buik en rolde Dolfijntje om. Snel legde hij haar weer neer zoals ze had gelegen. Dolfijntje klapperde wat met haar staartvin.

'Sjjj,' zei Quinty en Dolfijntje leek het te begrijpen. Ze bleef nu in ieder geval rustig liggen.

'Geen uitwendige verwondingen,' zei de man tegen zijn maat. Hij kwam overeind. Snel nam Quinty haar plekje weer in. Zo konden ze elkaar beter aankijken. Haar voet begon bijna direct te tintelen, maar ze bleef gewoon zitten. Dolfijntje had misschien nog wel veel meer pijn. Ze keek op.

'Waarom is ze gestrand, denkt u?' vroeg ze aan de man van de dierenambulance.

'Moeder kwijt. Gewond in een stoeipartij. Scherp stuk plastic doorgeslikt.'

Het klonk als een meerkeuzevraag in een tv-quiz.

'Wat denkt u?' drong Quinty aan.

'We leggen haar in die bak en dan rijden we naar het dolfinarium. Daar mag de dierenarts het uitzoeken.'

'Ik wil graag mee,' zei Quinty.

'Daar kunnen we niet aan beginnen,' zei de man. 'Het is geen schoolreisje.'

'Zo bedoel ik het ook helemaal niet,' zei Quinty, maar de man luisterde niet. Hij overlegde met zijn collega. In de verte kwam een groene jeep aanrijden.

'Laten we de bak maar volgooien,' zei de man van de dieren-ambulance. 'Ze ziet er wakker genoeg uit. Misschien wat gestrest, maar ze zal het wel overleven.'

De andere man haalde een grote blauwe bak uit de bus. Dolfijn-tje zou er maar net in passen. De jeep was vlakbij stil komen te staan. Er stapten twee mannen uit. Ze groetten niemand, ze waren druk in gesprek.

De mannen van de jeep zetten de blauwe bak in het zand naast de dolfijn. Opnieuw begon Dolfijntje met haar staart te slaan. Quinty probeerde haar te kalmeren, maar dat lukte niet erg.

Karel haalde een schop uit de ambulance. Hij begon naast de bak een gat te graven.

'Jullie gaan haar toch niet begraven?' vroeg Cas.

Quinty's hart stond stil. Dat kon niet waar zijn.

Gelukkig schudde Karel zijn hoofd.

'We zetten de bak wat dieper in het zand. Met een heveltje loopt er dan vanzelf water in.'

'Een heveltje?' vroeg Cas.

'Een slang. Als die vol zit met water en de bak ligt dieper dan de branding, dan loopt de bak vol. Dan gebruik je de slang als een hevel, zo heet dat.'

'Dat weet ik ook wel, hoor,' zei Cas. Quinty glimlachte. Typisch Cas. Altijd opscheppen.

'Waarom vraag je het dan,' mompelde Karel, maar hij keek niet boos. 'Is er nog een schop?' vroeg hij aan de andere mannen.

'Nee,' zei er een. 'Maar je bent al een heel eind.'

Quinty keek. De kuil liep vol met water. Maar Karel wilde nog dieper. Hij kieperde de modder op de berg zand die hij gemaakt had, maar de modder spatte alle kanten op. Er kwamen spatten in de blauwe bak en op de anderen. Die zaten er niet erg mee, zo te zien.

'Hé!' riep Quinty. Een grote kwak modder was vlak boven het oog van Dolfijntje terechtgekomen. Die sloeg weer met haar staart.

'Daar kan ze echt wel tegen, hoor,' zei Karel. 'Ze heeft wel andere zorgen op dit moment.'

'Ik probeer haar rustig te houden,' zei Quinty. Ze hoopte dat het niet te verontwaardigd klonk. Waarom kon Karel niet gewoon wat voorzichtiger zijn?

'Dat doe je goed,' zei Karel. 'Ze lijkt je te vertrouwen.'

'Dáárom wil ik graag mee,' zei Quinty zacht. Ze móést het proberen. Ze streelde Dolfijntje onophoudelijk, terwijl ze met haar andere hand emmertjes water over haar heen gooide.

'Dat gaat niet,' zei Karel, die klaar was met graven. 'Voorin zijn maar twee plaatsen en achterin één. Er is veel medische apparatuur aan boord. Dat neemt ruimte in beslag.'

'Maar dan kan ik toch achterin en die twee voorin?' vroeg Quinty. 'Dan kan ik hem rustig houden.'

De twee andere mannen waren begonnen de bak te vullen met zeewater. Cas stond geboeid toe te kijken. Quinty dacht snel na. Cas zou haar ouders kunnen vertellen waar ze naartoe was. Die zouden haar vast wel willen ophalen als Dolfijntje veilig was afgeleverd.

Karel liep naar de chauffeur, die stond toe te kijken terwijl zijn collega de slang vasthield. De bak was groot en vulde zich langzaam met zeewater. Er zaten overal handvatten aan de zijkant, zeker om hem gemakkelijker te kunnen optillen als hij vol was.

'Je zou voorin meekunnen,' zei Karel even later. 'Voor als ze onderweg te onrustig wordt. Maar we hebben toestemming nodig van je ouders. Zijn die in de buurt? We kunnen niet al te lang meer wachten.'

Quinty knikte opgetogen. 'Cas!' riep ze. 'Wil jij Suzanne of Paul even halen? Ze moeten toestemming geven dat ik bij Dolfijntje mag blijven onderweg.'

Nu pas viel haar op hoeveel wandelaars zich in een wijde kring om de ambulance hadden verzameld. Het waren wel vijftig mensen of zo. Gelukkig stonden ze niet te dichtbij: er waren veel mensen met een hond bij. Misschien had een van de mensen van de dierenambulance gezegd dat ze niet te dichtbij mochten komen. Snel checkte Quinty de honden: op één na waren ze allemaal aangelijnd en die ene zat keurig naast zijn baas. Zo te zien was hij beter opgevoed dan die bruine hond van vanochtend.

Cas was intussen al bijna boven aan de trap over de duinen. De zon kwam achter een wolk vandaan. Quinty gooide zoveel mogelijk water over Dolfijntje heen. Ze was Cas dankbaar. Ze wist dat hij niets wilde missen van wat er gebeurde, maar hij was toch haar ouders gaan halen.

De mannen stonden nu met zijn vijven bij de bak met water. Er stonden er drie aan de voorkant en de twee mannen uit de jeep stonden aan de achterkant.

'Misschien komt mijn vader zo, dan kan hij helpen tillen,' zei Quinty. Ze was bezorgd. Met Dolfijntje erin zou de bak niet meer te tillen zijn.

'Hou jij haar nou maar rustig,' zei Karel. 'Er staan hier mensen zat. We doen het alleen liever zelf. Als een omstander iets doms doet, hebben wij het toch weer fout gedaan.'

Quinty zweeg. Ze had geen idee hoe de mannen, die er helemaal niet supersterk uitzagen, de bak met dolfijn en al in de bus zouden tillen.

Maar zo ging het helemaal niet.

De chauffeur startte de motor. Langzaam reed hij de auto iets meer richting Dolfijntje. Toen hij tot stilstand kwam, liet hij rustig de laadklep naar beneden komen. Met veel kabaal lukte het de mannen om de bak met water erop te zetten. Dolfijntje schrok van al die drukte om haar heen en Quinty kreeg haar bijna niet rustig meer. Voelde ze dat ze in een krap bakje water moest?

Karel en de man van de ambulance liepen op Dolfijntje af.

'We pakken haar met zijn vieren op en leggen haar in die bak. Als ze niet te verzwakt is, zal ze misschien tegenspartelen. Aai jij haar dan maar over haar hoofd. Zorg dat je achter haar ogen blijft, zodat ze je wel voelt, maar niet kan schrikken van je bewegingen.'

Quinty knikte. Misschien was het belachelijk, maar ze besloot zich daar niets van aan te trekken en vertelde Dolfijntje wat er ging gebeuren.

'We tillen je op. Dan lig je in het water. Je moet naar de dokter,' zei ze zachtjes.

Tegelijk schoven de mannen hun handen onder het dier. Ze zaten op hun hurken en gingen tegelijk rechtop staan. Het zag eruit alsof ze het erg zwaar vonden. Maar met een paar schuifelende pasjes waren ze bij de achterkant van de bus. Quinty liep half tussen, half achter hen mee en probeerde niet in de weg te lopen. Er zou maar per ongeluk iemand struikelen door haar schuld! Ze bleef kalmerende geluidjes maken tegen Dolfijntje, die haar staart heen en weer bewoog. Maar haar lijf bleef gelukkig rustig.

Voor ze goed en wel door kon hebben wat er gebeurde, lag Dolfijntje in de blauwe bak met zeewater.

'Toe maar!' riep de ambulanceman naar de chauffeur.

Met een schok kwam de laadklep in beweging. Dolfijntje schrok ervan. Haar staart klapte wild op het water. Het spatte alle kanten op.

'Recht in mijn oog,' mopperde Karel. De mannen van de jeep liepen alweer terug. Druk doorpratend, alsof het ze allemaal niet kon schelen.

Quinty was op het laatst nog snel op de laadklep gaan staan. 'Sjjj,' zei ze tegen Dolfijntje en ze streelde haar.

Toen de laadklep boven was, schokte het weer. Kon dat niet wat rustiger? Maar dit keer klapte Dolfijntje niet met haar staart.

Opgelucht keek Quinty om zich heen. Dolfijntje hoefde nu alleen nog maar naar binnen geschoven te worden.

Twee mannen kwamen in de verte aanhollen. Al snel kon Quinty ze herkennen, vooral vanwege de aparte manier van lopen van haar vader. Het waren Paul en Paul.

Net op tijd, dacht Quinty. Als ze het nu maar goedvinden dat ik meerijd!

Onderzocht

Haar vader had er gelukkig geen enkel probleem mee gehad. Quinty zat voorin met haar gordel om, terwijl de chauffeur het strand af reed, de boulevard op. Tussen de voorbank en de cabine zat een ruitje, maar dat kon niet open. De twee mannen konden natuurlijk contact houden via hun portofoons. Quinty zat de hele tijd achterstevoren, terwijl ze het dorp uit reden richting de grote weg. Dolfijntje was erg onrustig. Ze spatte steeds meer water uit de bak met haar staart. De portofoon van de chauffeur gaf een kort piepje en toen hoorde ze de stem van de man achterin. 'Ze spat al mijn spullen nat. Als ze zo doorgaat, heeft ze straks geen water meer over.'

Quinty draaide haar hoofd met een ruk naar de chauffeur. Dan zou Dolfijntje het veel te warm krijgen!

'Kan die kleine haar niet rustig krijgen?' vroeg de chauffeur.

Quinty voelde het bloed naar haar wangen stromen. Dat zou precies zijn waar ze op hoopte. Ze keek door het raampje naar achter. Dolfijntje spatte nog steeds water uit de bak. De man achterin bracht de portofoon naar zijn mond en drukte op het knopje. 'Gaat niet. Voorschriften. Een van ons moet erbij blijven. En achterin zit geen tweede stoel met gordel. Dan zouden we stil moeten gaan staan om haar te kalmeren. En ik wil haar juist zo snel mogelijk bij de dierenarts hebben.'

'Ik zou zeggen: jammer van de voorschriften,' zei de chauffeur.

'Dan maar zonder gordel. Als we straks met een uitgedroogde witsnuit aankomen, geven ze vast geen medaille omdat we ons zo fijn aan de voorschriften hebben gehouden.'

Quinty grinnikte. Ze mocht de chauffeur wel. Hij had dezelfde humor als de vader van Cas.

De portofoon kraakte weer. 'Zet hem maar even langs de kant dan. Maar als er trammelant van komt, was het jouw beslissing.'

'Prima!' zei de chauffeur tevreden en bij de eerste de beste parkeerhaven zette hij de auto langs de kant.

Vanaf het moment dat Quinty de laadruimte in was gestapt, had Dolfijntje niet meer met haar staart geslagen. Toch leek het alsof ze er steeds beroerder uit ging zien. Hopelijk was het alleen maar de warmte. Zo'n klein beetje water bleef natuurlijk ook niet de hele tijd koel.

'Waarom moet ze eigenlijk naar het dolfinarium?' vroeg Quinty, toen ze een tijd gereden hadden. 'Waarom hebben we haar niet meteen teruggezet?'

'Dat heeft geen zin,' zei de man achterin. 'Er is altijd een reden waarom ze stranden. Dat moet eerst opgelost worden.'

Quinty knikte en ze streelde Dolfijntje, die naar haar opkeek. 'We gaan naar de dokter, Dolfijntje,' zei ze. Ze had het gevoel alsof het dier een van haar beste vriendinnen was. En vanochtend had ze haar pas voor het eerst gezien!

Toen ze het kleine stadje binnen reden, kreeg Quinty last van zenuwen. Wat zouden ze denken, een kind dat denkt bij een dolfijn te moeten blijven? Ze zouden haar misschien meteen wegsturen. Ze had haar vader gezegd dat ze wel zou bellen als ze opgehaald moest worden, maar ze had niet eens een mobiel! Ze had niets bij zich, geen geld, niets. Daar had ze helemaal niet over nagedacht.

'Zijn er eigenlijk meer dolfijnen bij die stichting?' vroeg ze, toen ze haar gedachten even stil had kunnen zetten.

'Twee, maar geen witsnuiten. Een bruinvis en een gewone dolfijn.'

'Kan het publiek daar bij?'

De man schudde zijn hoofd. 'Nergens goed voor. We doen ons best ze zo snel mogelijk terug te brengen naar de natuur. Daar komt ook geen publiek. Bij een deel lukt het niet. Die blijven dan in het dolfinarium.'

'Is dat niet zielig? Dan moeten ze toch van die stomme kunstjes leren?'

'Bruinvissen treden niet op voor het publiek. Ze hebben een eigen verblijf.'

Hij was even stil. Hij zuchtte en zei toen: 'Dolfijnen moeten wat te doen hebben. Anders worden ze gek. De zee is groot en gevaarlijk. Een betonnen bak is saai. Dit is het beste dolfinarium ter wereld. Ze hebben hier een soort zeebassin gemaakt, met water uit de oceaan. Er groeien planten, er zitten vissen in, garnalen en kreeften. Het bassin is groot en vijf meter diep. Maar het blijft kleiner dan de zee. Daarom trainen we ze. Dolfijnen vinden het leuk. Die zijn van nature speels.'

Ze reden het terrein van het dolfinarium op. De enorme koepel glansde in de zon. De chauffeur wisselde een paar woorden door de intercom bij een slagboom en ze mochten door. Dolfijntje sloeg met haar staart. Ze voelde zeker dat haar iets boven het hoofd hing.

'De dokter wil je alleen maar beter maken,' zei Quinty. 'Je hoeft niet bang te zijn.'

'Daar begrijpt ze niks van, hoor,' zei de man. Hij glimlachte erbij. Het was voor het eerst dat Quinty hem had zien lachen.

'Dolfijnen zijn slim,' zei Quinty.

'Ja, maar ze leren geen Nederlands.'

Nu moest Quinty lachen. De man was eigenlijk net zo aardig als de chauffeur. Je moest hem alleen een beetje leren kennen.

Het busje reed een soort loods binnen. In het midden stond een groot zwembad met een blauwgrijs geverfde bodem. Toen de deur openging, rook Quinty een vage chloorlucht. Twee dierenverzorgers stonden al bij de achterkant. De chauffeur stapte uit en de mannen sjorden samen de grote bak op de laadklep. Dolfijntje lag nu wild met haar staart te klappen. Quinty hurkte naast haar en streelde haar. 'Stil maar, stil maar,' zei ze. Wat nou, geen Nederlands. Dolfijntje begreep best wat ze bedoelde. Ze werd in ieder geval meteen rustiger. De man van de dierenambulance en een van de verzorgers pakten Dolfijntje en tilden haar uit de bak. Twee passen en ze gleed het water in. Meteen draaide ze zich op haar rug en zwom weer verder onder water. Aan haar rugvin kon je precies zien waar ze was.

De dierenverzorger belde een nummer met een mobiele telefoon en vertelde dat de witsnuitdolfijn was gearriveerd. Hij zei een paar keer 'ja' en legde op.

'SBS 6 is ook al onderweg,' zei hij. Hij schudde zijn hoofd. 'Als ze maar niet denken dat ik wat voor de camera ga zeggen.'

'Daar hebben we toch zo'n dame voor,' zei de andere verzorger.

'Nou, gelukkig is Geja er al eerder. Dat is veel belangrijker.'

Een smalle deur naast de roldeur ging open. Een kleine vrouw in een lichtgrijze wetsuit stapte naar binnen. Ze had een fluitje om haar hals en een plastic kist onder haar arm. Het leek een gereedschapskist, maar er zaten natuurlijk medische instrumenten in. Ze keek heel even naar de bak en groette toen de dierenverzorgers. De ambulancemannen gaf ze een hand.

'Geja Simek, dierenarts. Hoe is het met de dolfijn?'

'Schrikachtig. Ze had het warm. Geen uitwendig letsel. Misschien is ze gewoon haar moeder kwijtgeraakt.'

De dierenarts knikte aandachtig. 'Bedankt. Jullie kunnen wel weg. Nemen jullie het meisje mee?'

Ze draaide zich naar Quinty. Ze had vriendelijke ogen. 'Hallo, ik ben Geja.'

'Quinty van den Akker. Ik heb haar gevonden.'

'Ze hield haar nat en jaagde honden weg,' zei de ambulance-chauffeur. 'Uit het boekje.'

'Precies, zo moet het,' zei Geja. 'Waarom ben je meegekomen?'

'Dolfijntje wordt rustig als ik erbij ben,' zei Quinty.

'*Hart van Nederland* wil vast wel met haar praten,' zei een van de dierenverzorgers.

'Je kunt wel blijven,' zei de dierenarts. 'Weten je ouders waar je bent?'

Quinty knikte heftig. 'Ik hoef maar te bellen en mijn vader komt me halen.'

'Ze bestaan nog, dat soort vaders,' zei Geja met een grijns die Quinty niet begreep. 'Kom, dan gaan we eens naar onze patiënt kijken.'

Ze deed zwemvliezen aan en stapte in de bak met water. Quinty werd onmiddellijk jaloers. Hoe heerlijk zou het zijn om met Dolfijntje in het rond te zwemmen!

De dierenarts zwom in de buurt van Dolfijntje, maar deed nog niet zoveel. Ze hield haar handen langs haar lichaam en zwom met haar zwemvliezen, ongeveer even hard als de dolfijn.

Ze doet haar na, dacht Quinty.

Even later bleef Geja stilliggen tegenover Dolfijntje. Die zwom wat langzamer, maar kwam toch op de arts af.

'Het is goed hoor, Dolfijntje!' riep Quinty.

Ze zag dat Geja kort glimlachte. Daarna draaide ze zich om. Als Dolfijntje nu door zou zwemmen, lagen ze naast elkaar, dezelfde kant op kijkend.

En Dolfijntje zwom door.

Quinty klapte in haar handen, niet te hard.

'Ze zwom door!'

'Dolfijnen vinden stilliggen moeilijk,' zei een van de ziekenverzorgers. 'Ik heet Martin trouwens.'

'Ik heet Quinty,' zei Quinty. Allebei hielden ze hun ogen strak op de dierenarts en de dolfijn. Het was spannend.

'Als de dolfijn het niet vertrouwt, deelt hij zo een beuk uit met die witte snuit. Die is keihard.'

'Ik kon haar vanochtend zo aaien,' vertelde Quinty.

'Misschien was ze toen al behoorlijk uitgeput. Nu is ze meer in haar element. Hoe heb je haar gevonden?'

'Ze lag op een pier met van die grote zwarte stenen. Het was nog vroeg. We staan met mijn ouders en die van mijn buurjongen daar vlakbij op de camping.'

Martin knikte. Ze keken ademloos toe hoe Geja de dolfijn streelde, achter haar rugvin. Dolfijntje stond het toe. Even later keerde ze zich weer op haar rug, met haar buik boven water.

'Dat is een heel goed teken. Dokter Simek heeft het vertrouwen gewonnen. Ze kan nu bij wijze van spreken alles met haar doen.'

De arts raakte Dolfijntje nu overal aan, behalve op haar kop. Ze duwde voorzichtig. Dolfijntje vond het allemaal goed.

'Als ze inwendig letsel heeft van een vechtpartij, doet dat duwen enorm veel pijn. De dolfijn zal dan instinctief wegschieten zodra je drukt. Als ze beter gewend is, volgen er nog veel meer onderzoeken. Uithoudingsvermogen, analyse van de uitwerpselen, misschien zelfs een buisje bloed. Maar voorlopig lijkt het erop dat ze goed gezond is. Als ze straks ook nog eens goed eet, dan ziet het er helemaal gunstig voor haar uit.'

Achter hen ging een deur open en een vrouw met twee blonde staarten kwam haastig naar binnen.

'*Hart van Nederland* is er,' zei ze. 'En de NOS heeft ook gebeld.'

Uitgezonden

'Meisje redt het leven van een jonge witsnuitdolfijn. Straks meer.'
De reclame begon en de moeder van Cas zette het geluid weer wat
zachter. Ze zaten op de eerste rij in de kantine van de camping,
waar veel bezoekers zich hadden verzameld. Mensen voor wie
geen stoel meer was, waren zelfs hun eigen stoelen gaan halen bij
de tent of caravan.

Cas hield het niet meer. 'Je bent vet beroemd, Quint! Zag je dat
niet!' Quinty glimlachte. Ze wist dat het maar een heel kort interview was en misschien zonden ze daar dan ook maar weer een
heel klein stukje van uit. Maar ze voelde het toch kriebelen in haar
buik. De dag was omgevlogen. Geja had aan SBS 6, en later aan
Quinty, verteld hoe het ging met de witsnuitdolfijn. Ze had ook
verteld dat de stichting SOS Dolfijn geld nodig had. Toen werd
Quinty geïnterviewd. Daarna moest de cameraploeg nog naar de
kust om een opname te maken van het strand waar Dolfijntje gestrand was. Quinty kon meerijden, maar dan moest ze wel meteen mee. Haastig had ze afscheid genomen. Martin, de verzorger,
zou haar ouders bellen dat ze werd afgezet. Jammer genoeg was er
geen tijd meer om Dolfijntje nog een aai te geven. Dan had ze nat

de auto van de cameraploeg in gemoeten en dat ging natuurlijk niet.

Toen ze bij het strand waren, had Quinty de plek aangewezen waar ze Dolfijntje gevonden had. Maar er was niets meer te zien, dus had ze het in beeld nog een keer aangewezen. Daarna werd ze bij de camping afgezet. De verslaggever was in de auto al begonnen het onderwerp in elkaar te zetten, op een witte laptop.

Wel honderd keer had Quinty haar belevenissen verteld. Op het laatst had ze er totaal geen zin meer in. Ze was blij dat haar moeder haar naar de tent had gehaald voor een bord macaroni. Toen was ze tenminste even alleen met haar familie en die van Cas.

Cas' moeder zette het geluid weer harder. 'Rechtstreeks vanuit Amsterdam is dit *Hart van Nederland*,' klonk het. Haar moeder pakte haar hand en kneep er keihard in. Quinty zei er maar niks van. Achterin praatten nog mensen, maar Cas siste hard en toen werd het stil.

'Quinty van den Akker uit Zevenmeren heeft vandaag een witsnuitdolfijn gered van een wisse dood. Het dier was om onbekende reden gestrand en lag op deze pier.'

In beeld wees Quinty de plek aan. Sommige kinderen begonnen te gillen. 'Ssst,' klonk het direct om hen heen.

'Haar beste vriendje waarschuwde de strandwacht, die direct de Stichting SOS Dolfijn belde. Zij regelden een dierenambulance, waarna de witsnuitdolfijn naar het dolfinarium werd vervoerd.'

Weer kwam Quinty in beeld, nu voor haar interview. Haar moeder kneep nog harder in haar hand.

'Onderweg hield ik haar rustig,' hoorde ze zichzelf zeggen. 'Ik streelde haar en praatte maar wat.' Wat klonk haar stem raar!

'De witsnuit, door Quinty Dolfijntje gedoopt, maakt het redelijk goed. Ze moet nog wennen aan haar nieuwe omgeving, maar daar blijft ze zo kort mogelijk,' vertelde de stem van SBS 6 bij beelden van het grijsblauwe onderzoeksbad. Geja Simek kwam in beeld.

'We denken dat ze haar moeder kwijt is geraakt. Het heeft hard gewaaid, daardoor kan ze zijn verdwaald. We gaan haar nu verder onderzoeken, maar waarschijnlijk is ze gezond. We hopen dat ze genoeg heeft geleerd van haar moeder om, als we haar terugzetten, zelf op vis te jagen. Als dat lukt, vindt ze vast wel een groep om zich bij aan te sluiten. Er zijn duizenden witsnuitdolfijnen in de Noordzee.'

De presentatrice kwam in beeld. 'Dolfijntje blijft in ieder geval nog twee weken in het dolfinarium,' vertelde ze. 'Het publiek kan haar echter niet opzoeken.'

Meteen begon een volgend onderwerp.

'Had je niet wat meer kunnen vertellen!' riep Cas. Hij stond zo ruw op dat zijn stoel achteroverviel.

'Heb ik gedaan,' zei Quinty zacht. Ze was blij dat het voorbij was en dat de andere delen van het interview weg waren gelaten. Ze had nogal gehakkeld en gestameld.

'Goed gedaan hoor, schat!' zei haar moeder en ze zoende Quinty op haar wangen. De meeste mensen begonnen de kantine uit te lopen. Buiten was het ook veel lekkerder, niet zo heet als binnen.

'Ik ben trots op je,' zei haar vader. 'Ik ook,' zei de andere Paul. 'En op jou, Cas. Hoorde je niet dat je ook genoemd werd?'

'Ja, als haar beste vriendje,' snoof Cas. 'Ze hadden mijn naam toch wel kunnen noemen!'

Ze liepen terug naar hun tent. Leek het maar zo of zaten mensen haar vreemd aan te kijken? Zo veel mensen hadden er nou ook weer niet in de kantine gezeten. Maar sommige mensen hadden natuurlijk tv in hun caravan.

'Het is nu wel zo'n beetje bedtijd,' zei haar moeder.

'Voor jou ook, Cas,' zei Paul. Die twee waren het altijd afschuwelijk eens in dit soort gevallen.

'Je denkt toch niet dat ik kan slapen! Ik ben helemaal hyper!'

'Je bent altijd helemaal hyper,' zei Ellen.

33

'Maar nu ben ik superhyper,' zei Cas. 'Hyperdepiepmegahyper.'
'Ik merk het,' zei Ellen.

'Doe dan maar wie van jullie het eerst zijn tanden gepoetst heeft,' zei Suzanne.

'Oké, Quinty,' zei Cas. 'Doe je mee? Maar dan...'

'Op zijn allerlangzaamst,' zei Quinty. Ze had het al begrepen. Onmiddellijk stonden ze allebei doodstil.

'Goed zo,' zei Ellen. 'Daar worden jullie lekker rustig van.'

De volgende dag begon als elke andere. Quinty kreeg het gevoel dat haar allemaal bijzondere dingen te wachten stonden, maar ze gingen gewoon ontbijten, bij het strand spelen en lunchen bij de tent.

'Hoe zou het met Dolfijntje zijn?' verzuchtte ze, toen ze niet langer meer kon verbergen waar ze met haar gedachten was.

'We moeten een geldinzameling gaan organiseren,' zei Cas. 'Voor SOS Dolfijn.'

'Ja!' riep Quinty meteen. Dat was een supergoed idee. Ze konden hier op de camping beginnen.

'Je bent nu beroemd,' zei Cas. 'Ik kan je interviewen in de kantine en dan verkopen we kaartjes.'

'Doe niet zo gek,' zei Quinty. 'Iedereen kent het verhaal al. Daar gaan ze echt niet voor betalen. We maken gewoon een collectebus en dan gaan we de hele camping langs.'

'Dat is saai,' zei Cas. Quinty was even stil. Misschien had hij daar wel gelijk in.

'Een loterij!' riep ze even later. 'We verloten kaartjes voor het dolfinarium. Dat kunnen Paul en Paul wel sponsoren!'

'Cool,' zei Cas.

De hele middag schreven ze genummerde lootjes, die ze dichtvouwden en in een koektrommel deden. De koekjes moesten wel eerst weggewerkt worden, maar dat was niet zo'n probleem. Suzanne was heel boos toen ze daar achter kwam. Maar toen Cas had gezegd dat het wel had gemoeten voor het goede doel, moest ze keihard lachen. Ze gingen alle kinderen die ze kenden langs tot ze iemand gevonden hadden die een dikke stift had. Daarmee schreven ze op een groot karton wat hun actie inhield.

'Wat zullen we vragen voor een lot?' vroeg Cas.

'Ik weet niet,' zei Quinty. 'Een euro?'

'Nee, joh,' zei Cas. 'Veel meer natuurlijk! Een tientje!'

Ze werden het eens over vijf euro. Aan het einde van de middag kwamen de mensen die naar het strand waren geweest, één voor één terug naar de camping. Dat was een goed moment om langs de tenten en caravans te gaan.

Maar eerst moesten ze nog kaartjes regelen bij Paul en Paul. Ze wilden ze allebei twee kaartjes vragen, zodat een gewone familie met zijn allen naar het dolfinarium kon als ze wonnen. Quinty's vader deed meteen mee. Hoe streng hij ook kon zijn, over dit soort dingen deed hij nooit moeilijk.

'Twee kaartjes? Daar begin ik niet aan,' zei de andere Paul.

'Ah, pap,' zei Cas. Hij werd gestopt door de opgeheven hand van zijn vader.

'Ik wil twee kaartjes doen én... iets heel bijzonders.'

'Wat dan?' vroeg Cas ongeduldig.

'Als jullie duizend euro ophalen, betaal ik voor de winnaar een extra prijs. Een ontmoeting met de bekendste dolfijnensoort, de tuimelaars.'

'Een ontmoeting?' vroeg Quinty. 'Wat bedoel je?'

'Ze hebben zo'n programma. Dan leer je van alles en je staat oog in oog met ze.'

'Mag je dan ook met ze zwemmen?' vroeg Cas.

'Nou, zwemmen,' zei Paul. 'Dat geloof ik niet. Maar ze wel voeren, met ze spelen en als je mazzel hebt kun je ze aanraken.'

'Wow,' zei Cas. 'Maar duizend euro... is dat niet heel veel?'

35

'Tja, dat wel,' zei zijn vader. 'Maar als ik een paar honderd euro sponsor en jullie halen minder op, dan had ik beter dat geld meteen aan die stichting kunnen geven.'

Dat was natuurlijk waar.

'Duizend euro...' zei Quinty.

'Bedenk eens wat ze daar allemaal mee kunnen doen,' zei Paul. 'Zo'n stichting moet het helemaal hebben van dit soort giften. Nou, gauw langs die tenten. En denk erom, als mensen niet willen, niet doorzeuren. Oefen eerst maar eens bij Ellen en Suzanne.'

Gauw maakten ze nog loten bij. Als ze duizend euro moesten verdienen, hadden ze veel meer loten nodig. Maar zo'n geweldige hoofdprijs, dat verkocht natuurlijk wel gemakkelijker. Al gauw hadden ze iets meer dan tweehonderd briefjes in de koektrommel. Met een ander doosje voor het geld gingen ze op pad.

Veel mensen herkenden Quinty en aan degenen die haar niet op SBS 6 hadden gezien, vertelden ze uitgebreid hun verhaal. Ze werden er steeds beter in. Gelukkig was het een grote camping. Gezinnen met kinderen deden bijna allemaal mee als ze hoorden over de extra prijs. Sommige mensen hadden geen geld op zak, maar als ze wilden, beloofden Cas en Quinty de volgende dag terug te komen. Toen het donker begon te worden, kwam Suzanne ze ophalen. Voor hun tenten telden ze het geld.

'Ik heb tweehonderddertig,' zei Quinty toen ze klaar was.

Cas luisterde niet, want hij was nog aan het tellen. 'Honderdnegentig,' zei hij toen hij klaar was. Ze pakten een papiertje en telden de bedragen bij elkaar op. Vierhonderdentwintig euro.

Hun moeders waren opgetogen.

'Morgen verder?' vroeg Cas.

'Morgen verder,' zei Quinty. Ze gaf hem een high five. Duizend euro moest makkelijk lukken.

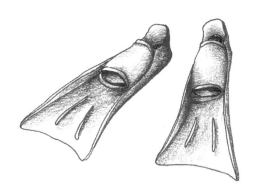

Overhandigd

Cas zat voorin. Zijn vader reed, dus dan mocht het. De zon scheen volop, maar de airco stond aan en het was prima te doen in de auto. De radio stond op Q-Music. Dat was Quinty's favoriete zender, en echt niet alleen maar vanwege de Q. In haar hand klemde ze een envelop van de bank. Er zaten 24 briefjes van vijftig in, keurig gewisseld, en een tientje. In totaal hadden ze vorige week 1210 euro opgehaald. Ze hadden naar het dolfinarium gebeld en Quinty had Geja aan de lijn gekregen. Nu hadden ze een afspraak om het geld te komen brengen en te kijken hoe het met Dolfijntje ging. Officieel was die nu Delphine gaan heten, maar Quinty was vastbesloten haar Dolfijntje te blijven noemen.

Ze had in haar Hyves-blog precies verteld hoe de inzameling was begonnen. En hoe ze iedereen op het strand waren afgegaan, nadat ze op de camping iedereen hadden gehad. Hoe een oma twintig loten in één keer had gekocht en beloofd had dat Cas en Quinty de prijs mochten hebben als zij won. Hoe Cas 's ochtends heel vroeg 'koop nu dolfijnenloten' in het zand had geschreven, met letters zo groot als auto's. Waar vervolgens iedereen doodleuk bovenop was gaan liggen toen het drukker werd.

Ze was benieuwd wat ze met het geld zouden doen. Geja had aan SBS 6 verteld dat er nieuwe apparatuur nodig was, maar dat hadden ze uit de uitzending gelaten. Quinty had die dag een visitekaartje gekregen van de verslaggever. Eric Bonte heette hij. Ze zou hem kunnen bellen of ze een keer aandacht wilden besteden aan de geldnood van de stichting. Ze wist alleen niet of ze dat wel durfde. Ze kon het Cas vragen, maar hij kende die Eric helemaal niet.

'Hier kun je karten!' gilde Cas opeens.

'Lekker belangrijk,' zei Quinty. Je kon op zo veel plekken karten en ze waren nu toch echt met iets anders bezig.

'Doen we een keer,' zei Paul.

'Dan ga ik wel bij Dolfijntje kijken,' zei Quinty.

'Daar mag je niet bij, hoor,' zei Cas.

'Ik ga in ieder geval niet karten. Kunnen we niet gewoon gaan bowlen of zo?'

'Kappen jullie,' zei Paul. 'We zijn bij het dolfinarium en jullie gaan zitten bekvechten? Quinty, heb je die envelop nog?'

'Tuurlijk,' zei ze. Ze had hem nog steeds stevig vast. Meer dan twaalfhonderd euro, dat liet ze echt niet los!

Paul keek op zijn horloge. 'Mooi op tijd,' zei hij tevreden. 'Kom, dan gaan we ons melden.'

Bij de receptie moesten ze even wachten. Toen kwam Geja aanlopen met een onbekende man.

'Ik ben Diederik van Wonderen,' zei de man. 'Van SOS Dolfijn.' Ze stelden zich voor.

'Laten we even naar mijn kantoor lopen,' zei hij. Quinty was teleurgesteld. Ze wilde eigenlijk alleen maar naar het bassin waar Dolfijntje was.

In het kleine kantoortje stond een ronde vergadertafel. Een lange, magere fotograaf met sluik grijs haar hing languit in een van de stoelen.

'Waar is dat voor?' vroeg Cas, wijzend naar de lens.

'Ons blad en de site,' zei Diederik van Wonderen. 'En we sturen een foto naar het ANP. Wie weet doen de kranten er wat mee.'

'Kunnen we die foto niet beter bij Dolfijntje maken?' vroeg Quinty.

'Dolfijntje?' vroeg Van Wonderen.

'Delphine,' zei Geja.

'O ja. Ja, dat is wel een goed idee. Maar vertel eens, hoe hebben jullie zo'n geweldig bedrag verzameld?'

De fotograaf zakte nog wat verder onderuit. Quinty was bang dat hij met stoel en al achterover zou klappen.

Eigenlijk deed Cas het hele verhaal. Quinty knikte vooral en hielp hem soms met een zinnetje als hij het even niet wist. Nog steeds had ze de envelop vast.

Toen hij klaar was, vroeg Quinty hoe het met Dolfijntje ging.

'Goed,' zei Geja. 'Iets te goed, eigenlijk. Ze is nog jong, we hopen dat ze niet al te erg gewend raakt aan het leven hier in het dolfinarium. Wanneer we niet met haar trainen, zwemt ze in het grote bad met zout water, samen met de tuimelaars. Die accepteren haar prima.'

'Wanneer mag ze weer naar zee?' vroeg Quinty.

'Terugzetten is natuurlijk wel het beste. Maar dat doen we pas als we denken dat ze het wel gaat redden.'

'Mogen we nu naar haar toe?' vroeg Quinty. Ze hoopte dat het niet te smekend had geklonken. De fotograaf trok zijn rug een paar centimeter omhoog de stoel op. Maar zitten kon je het nog steeds niet noemen.

'Eh, ja,' zei Van Wonderen. 'Doe dat maar. Maarreh... Ehm... het geld? Dan kan ik het hier in de kluis doen. Dan doen we de foto met een lege envelop.'

Met een schok besefte Quinty dat ze helemaal vergeten was dat ze het geld al zo lang vastgeklemd had. Ze was alleen maar bezig geweest met Dolfijntje.

Snel ging ze staan en ze overhandigde de envelop aan de directeur. Die telde het langzaam uit op tafel.

'En dat maakt 1210 euro,' zei hij toen hij klaar was. 'Een geweldig bedrag.'

'Onwijs bedankt,' zei Geja.

'Wat gaan jullie ermee doen?' vroeg Quinty.

'Nu komen we iets minder tekort dan we anders tekort waren gekomen,' zei Van Wonderen. 'We zullen eens kijken wat we er verder mee kunnen. Kom, we gaan naar het bassin van Delphine.'

Quinty begreep zijn antwoord niet helemaal, maar ze liet het er maar bij zitten. Misschien kon ze het later nog eens aan Geja vragen.

Dolfijntje maakte blije fluitgeluiden toen ze Quinty herkende. Het was verschrikkelijk leuk haar weer te zien. Ze was groter dan Quinty zich herinnerde.

'Ze wordt over tien minuten gevoerd,' zei Geja. 'Dat willen jullie vast wel even zien.'

'Ik heb mijn bikini hieronder aan,' zei Quinty. Geja lachte. Maar Van Wonderen nam direct het woord. Hij toverde de lege bankenvelop tevoorschijn en instrueerde Cas, Quinty en de fotograaf.

'Dolfijntje moet er toch ook op,' zei Quinty.

'Laat dat nou maar aan mij over,' zei de lange fotograaf. Misschien vond hij het niet zo leuk dat ze zich met zijn werk bemoeide, bedacht Quinty.

Een paar minuten later was het klaar. Diederik van Wonderen nam haastig afscheid, maar hij bedankte ze nogmaals. De fotograaf slenterde zonder te groeten weg. Een verzorger kwam binnen met een emmer.

'Er zit levende vis in,' zei Geja. 'Dat lijkt misschien wreed, want de vis heeft op den duur natuurlijk geen kans. Maar Dolfijntje moet leren jagen. Anders kunnen we beter meteen ophouden.'

'Kan ze het al een beetje?' vroeg Cas.

Geja schudde haar hoofd. 'Het is een speelse dolfijn, maar normaal zou ze leren jagen door haar moeder in alles na te doen. Ze is niet fanatiek genoeg. Op deze manier gaat ze het in zee niet redden.'

Quinty schrok. Haar keel kneep dicht. 'En dan?' wist ze eruit te persen.

'Dan moet ze hier blijven. Maar dat gaat niet. We hebben een permanent bruinvissenverblijf, maar de kans dat die een witsnuit in de groep opnemen, lijkt me klein. Delphine is een stuk groter dan zij.'

'Bruinvissen?' vroeg Cas.

'Ja,' zei Geja. 'Een soort kleine dolfijnen. Ze zijn niet bruin en het zijn geen vissen, maar zoogdieren.'

'Dus wat dan?' vroeg Quinty fronsend. Ze had even geen zin in biologieles. Er was geen plek voor Dolfijntje...

'Dan moet ze naar een dolfinarium in het buitenland,' zei Geja. 'Een veilige plek, waar ze tam opgroeit. Het is een mooi dier. We kunnen haar vast wel kwijt.'

'Maar ze hoort in de zee!' riep Quinty. Haar stem klonk scheller dan de bedoeling was.

'Tja,' zei Geja. 'Eigenlijk wel natuurlijk. We doen ons best.'

De verzorger liet een paar levende vissen los, die schichtig door het bassin schoten. Dolfijntje hapte er niet eens naar. De verzorger schudde traag zijn hoofd.

'Eigenlijk moet ze ze opjagen,' zei Geja. 'In de zee kunnen die vissen vluchten en dat zullen ze doen ook. Dolfijnen jagen vaak samen om een school vissen op te sluiten. Die dingen moet ze leren. Maar het schiet niet erg op.'

'Mag ik ook in het water?' vroeg Quinty. Ze wilde Dolfijntje helpen. Misschien was het onzin, maar ze had het gevoel dat ze haar moest leren jagen op vis. Wat normaal Dolfijntjes moeder zou doen.

'Nou, doe dat maar niet,' zei Geja. 'Dan wil Cas zeker ook en ze moet niet te veel aan mensen wennen.'

'Maar we hebben zo ons best gedaan,' zei Quinty, al had ze daarbij totaal niet nagedacht over zwemmen met Dolfijntje.

'Ik hoef niet,' zei Cas.

'Oké, dan mag jij heel even, Quinty,' zei Geja. 'Maar onder één voorwaarde.'

'Wat dan?' vroeg Quinty, terwijl ze zich al uitkleedde.

'Ik wil er geen woord over lezen in je blog op Hyves.'

Quinty stopte verbaasd met het openmaken van de knopen van haar korte spijkerbroekje.

'Hoe weet je dat ik een blog heb?' vroeg ze verbaasd.

'Omdat ik die al een tijdje lees,' zei Geja. 'Nou, schiet op, jij.'

Quinty had flippers en een snorkel van Geja gekregen. Ze gleed langzaam door het water, vlak naast Dolfijntje. Ze kon voelen hoe leuk het dier het vond. Een keer streelde ze haar en opnieuw verbaasde ze zich erover hoe glad en zacht de huid was. Het was heerlijk. De tijd leek stil te staan.

Toch was het veel te snel dat Geja in haar handen klapte. Ze begreep het en keek Dolfijntje nog een keer goed aan. Wat hield ze van dit dier! Dat zou nooit meer overgaan.

'Was het vet?' vroeg Cas met grote glanzende ogen toen ze druipend naast hem stond.

Ze kon alleen maar knikken.

'Geja zegt dat er al mensen van een Duits dolfinarium zijn komen kijken,' zei Cas.

'We moeten zorgen dat ze weer terug de zee in kan,' fluisterde Quinty.

'Dat wil Geja ook,' zei Cas. 'Maar als ze ten dode is opgeschreven...'

'Toch moet het lukken,' zei Quinty. 'We verzinnen wel iets.'

Losgelaten

Het was Dolfijntjes eerste, maar waarschijnlijk ook haar laatste kans. Het was twee weken nadat Cas en Quinty het geld hadden overhandigd. Vandaag werd ze losgelaten in de Waddenzee. Als ze het op het juiste moment deden, kon ze in eerste instantie niet verder komen dan een klein stukje. Om haar heen zouden dan alleen zandbanken zijn. Zolang het laag water was, zouden ze haar gemakkelijk weer te pakken krijgen als het niet lukte. Gelukkig mocht Quinty mee. Haar ouders hadden niet moeilijk gedaan en Quinty ziek gemeld. Quinty was geschrokken toen ze een man met een camera zag, maar die was van het dolfinarium en niet van SBS 6. Anders had ze uit moeten leggen hoe ze tegelijk ziek in bed kon liggen en naar de Waddenzee kon zijn...

Naast Geja liep ze naar de bak waar Dolfijntje in verbleef.

'Ze is blij je te zien,' zei Geja. 'Hoor haar fluiten!'

'Wat zegt ze met die fluittonen?' vroeg Quinty.

'Ze roept haar naam. Of nou ja, naam... Elke dolfijn heeft een eigen fluittoon. Die toon maakt ze vaak gedurende de dag. Als ze een andere dolfijn wil roepen in de groep, doet ze díe toon na. Daar zijn we pas een paar jaar geleden achter gekomen, hoe dat werkt. Sindsdien gebruiken de verzorgers ook allemaal een verschillend fluitje. Dat maakt het makkelijker voor de dolfijnen die hier altijd blijven.'

'Hebben de dolfijnen die hier wonen een goed leven?' vroeg Quinty. 'Of is het een soort gevangenis voor ze?'

'Ze zijn gezond en maken een gelukkige indruk. Vergeleken met hun soortgenoten in de vrije zee hebben ze een aantal dingen goed voor elkaar. Ze lijden geen honger doordat er steeds meer vis weggevangen wordt door mensen. En ze hebben geen last van zwerfafval in het water waardoor ze ziek kunnen worden. We proberen de bezoekers hier te leren dat ze een beetje zorgvuldig met de natuur om moeten springen. Maar ik ben het met je eens, wilde beesten horen in de vrije natuur.'

'Dus Dolfijntje ook,' zei Quinty en ze richtte haar aandacht op de dolfijn. Vier mannen stonden bij haar in de bak. Vier anderen stonden aan de rand. De mannen mochten haar gewoon pakken en tilden haar op uit het water. De anderen pakten haar aan. Quinty verwachtte dat ze in een bak water werd gelegd. Maar in plaats daarvan kreeg ze op een metalen tafel allemaal kletsnatte stukken stof op haar huid. Die waren zo gemaakt dat de vinnen er precies doorheen pasten.

'Het zit als een Italiaans maatpak,' zei Martin tevreden, toen het klaar was. Ze tilden Dolfijntje op en liepen naar een bestelbus. Die was ook wit, maar hier stond het logo van SOS Dolfijn op de zijkant. Er was ook meer ruimte binnen. Nu begreep Quinty waarom het geen probleem was geweest toen ze had gevraagd of ze achterin mocht zitten. Er was een bankje met wel drie gordels. Gelukkig maar, want ook die cameraman wilde het natuurlijk allemaal van dichtbij meemaken.

Zou Dolfijntje begrijpen dat ze naar de zee ging? Ze liet alles rustig over zich heen komen en leek helemaal niet bang. Quinty dacht terug aan de rit naar het dolfinarium. Toen had Dolfijntje heel wat meer stress gehad dan nu.

'Zal ik de doeken wat natter maken?' vroeg Quinty, toen ze de poort uit reden.

'Straks,' zei Martin. Quinty begreep het. Ze zou haar gordel los moeten maken. Maar blijkbaar was het wel een goed idee. Ze snapte steeds meer van dolfijnen. Misschien kon ze later ook dolfijnenverzorger worden.

'Halverwege stoppen we wel even,' zei Martin. 'Dan kun je het doen. Jullie hebben een band, hè? Dat zag ik al meteen.'

Het was een heel eind rijden, maar toen kwamen ze bij een kade waar een motorboot lag. Dolfijntje werd als laatste aan boord getild. Toen ze van het ene paar handen in het andere overging, hield Quinty haar adem in, maar het ging goed. De vrouw die de boot bestuurde, voer direct weg, terwijl de verzorgers de dolfijn begonnen uit te kleden.

'We zijn precies op tijd,' zei een van hen. Quinty was er blij mee. Als Dolfijntje had moeten wachten, kreeg ze het steeds warmer. En Quinty was zenuwachtig. Zou Dolfijntje slagen voor haar examen?

Na een paar minuten haalde de vrouw het gas eraf. Ze dobberden rustig rond. Het overboord laten van Dolfijntje was geen enkel probleem.

Quinty keek gespannen toe.

Dolfijntje bleef naast de boot zwemmen, met haar blaasgat boven water.

'Duik dan,' zei Geja.

'Kom op, Dolfijntje, je kunt het!' riep Quinty. Maar er gebeurde niks. Dolfijntje vond het ongetwijfeld lekker in het water, maar ze dook niet.

'Ik snap het niet,' zei Geja. 'Bij ons duikt ze wel. Ze jaagt niet op vis, maar ze duikt wel.'

'Misschien ziet ze hier niks,' opperde Quinty. Maar ze wist dat dat er niet toe deed. Dolfijnen duiken altijd, niet alleen als ze vis zien. Ze zwemmen gewoon de meeste tijd onder water.

De stemming in het bootje sloeg langzaam om. Als Dolfijntje wist wat ze had moeten doen, zouden ze gecontroleerd kunnen hebben of ze zelf vis kon vangen. Daarna zou het water stijgen en had Dolfijntje de wijde wereld in kunnen trekken. Nu moesten ze haar weer vangen en mee terugnemen naar het dolfinarium. Er prikten tranen achter Quinty's ogen. De cameraman had zijn camera al uitgezet. Dit filmpje kwam vast niet op de website.

'Ze is te jong gestrand,' zei Geja teleurgesteld. 'Ze had blijkbaar nog te weinig geleerd van haar moeder.'

'Dan leert ze het maar van iemand anders,' zei Quinty boos. 'Ze kan toch niet naar een Duits dolfinarium? Die hebben vast niet zo'n groot zoutwaterbad als jullie!'

'Nee... Maar ook daar zullen ze goed voor haar zorgen, hoor,' zei Geja.

'Dat weet ik wel, maar... O!' Ze kwam niet meer uit haar woorden. Ze was te boos, te verdrietig. En ze voelde nog iets: dat ze het niet op zou geven.

De verzorgers sprongen overboord en haalden een lap onder Dolfijntje door. Eentje bleef voor haar zwemmen en de ander trok de boot naar zich toe. Dolfijntje werd in de lap aan boord gehesen. Nu was ze wel gestrest. Ze klapte weer met haar staart.

Quinty ging naast haar zitten en streelde de zachte, gladde huid. De vrouw startte de motor en ze voeren weg.

'Je had moeten duiken,' zei Quinty zachtjes. 'Dat kun je best. In je bak doe je het ook.'

Dolfijntje keek haar aan, maar Quinty kon niets opmaken uit haar blik. Kon ze maar praten...

'Stom beest,' zei ze op een lieve toon en ineens kwamen de tranen. Ze vielen op Dolfijntjes hoofd. Het gaf natuurlijk niet. Dolfijntje was wel wat zout water gewend.

'Wat zou haar nu nog kunnen redden?' vroeg ze aan Martin, toen ze het hele eind weer terugreden.

'Een fulltimetrainer,' zei hij schouderophalend. 'Iemand die twee maanden dagelijks met haar werkt en daarna de tijd neemt om haar in zee op weg te helpen. En dan moet je nog maar hopen dat ze niet weer strandt. Zo'n trainer kan in het water ook niet de hele tijd bij haar blijven. Als zijn lucht op is, is de dolfijn weg.'

'Gaan we dat proberen?' vroeg Quinty, ineens hoopvol.

'Nou, waarschijnlijk niet, nee,' zei de verzorger. 'Daar is geen geld voor. We kunnen moeilijk alle andere dieren aan hun lot overlaten om één dolfijn te leren duiken en jagen.'

'Maar het zou wel kunnen dus?' vroeg Quinty. De man gaf geen antwoord. De rest van de reis dacht Quinty na. Ze had een idee en dat idee werd een plan. Een plan waar ze het met Cas over moest hebben.

Toen ze waren aangekomen bij het dolfinarium, nam ze afscheid van Dolfijntje en Geja.

'Ik heb een plan bedacht hoe we Dolfijntje toch nog een kans kunnen geven,' zei Quinty. 'Maar ik moet nog zes weken naar school. Denk je dat Dolfijntje zo lang hier kan blijven?'

Een denkrimpel verscheen tussen de wenkbrauwen van de dierenarts.

'Ik zou het er met onze directeur over moeten hebben, Van Wonderen, je hebt hem ontmoet, toch? Maar als het een goed idee is, zou het wel moeten kunnen. Wat ben je van plan?'

'Ik moet eerst nog wat checken,' zei Quinty. 'Ik bel nog.'

'Maar wel snel, hoor,' zei Geja. 'Na het weekend komen de Duitsers weer kijken.'

Quinty schrok. Nu had ze nog haast ook.

Verdiend

'En mijn idee is dus om te leren duiken,' zei Quinty ten slotte tegen Cas. Ze stonden op het schoolplein. Het was de dag nadat ze naar de Waddenzee was geweest. Ze hadden pauze.

'Te leren duiken?' herhaalde Cas.

'Ja, we gaan op duikles.'

'Mogen kinderen dat?' vroeg Cas.

'Waarom niet? Waarom zouden kinderen dat niet mogen?'

'Ik kijk zo wel even op internet,' zei Cas. 'Na de pauze ga ik verder met mijn verslag op de computer.'

Het bleek te bestaan, een duikcursus voor kinderen. Maar het kostte veel geld. Gehaast liepen ze na school naar huis.

'We beginnen een team,' zei Cas. 'Kinderen kunnen lid worden van dat team. Ze leren niet allemaal duiken natuurlijk, maar ze kunnen wel meehelpen.'

'Hoe geven ze zich op dan?' vroeg Quinty.

'Gewoon op Hyves,' zei Cas.

Quinty knikte. Dat was een goed idee. 'Dolphin Rescue Team...' zei ze.

'In het Engels?' vroeg Cas. 'Kunnen we niet gewoon... Dolfijnen Reddings Team doen of zo?'

'Dat klinkt zo suf,' zei Quinty. 'Daar wordt toch niemand lid van?'

Cas haalde zijn schouders op. 'Nou, oké dan. Dan doen we het in het Engels.'

'Cas en ik moeten leren duiken, mam,' zei Quinty, zodra ze binnen was.

'Hoe kom je daar nu weer bij?' zei haar moeder. Dat begon lekker, dacht Quinty met een grijns.

'Dolfijntje moet leren duiken en jagen. Daar moeten ze speciaal een trainer voor aannemen. Dat is alleen veel te duur en daarom moet Dolfijntje naar Duitsland. Dat vind ik zielig. Ze hoort in de zee. Dan kan ze op zoek naar haar familie of een andere groep waar ze op kan groeien.'

'Alsof ze die zou vinden,' zei haar moeder. 'De Noordzee is groot, hoor.'

'Ze zwemt 30 kilometer per uur!'

'Hoe kom je aan al die wijsheid?' vroeg haar moeder. Haar toon verried dat ze twijfelde of ze Quinty kon geloven.

'Mam, ik weet álles van dolfijnen,' zei Quinty. Haar moeder was stil.

'Mag het, mam, mag ik leren duiken?' vroeg ze smekend.

Haar moeder zette haar mok met thee neer. 'Het is zeker niet iets waar ik wat over ga zeggen zonder hier met Paul over te praten. Weet SOS Dolfijn hiervan?'

'Ze weten dat ik een plan heb,' zei Quinty. 'Maar als we niet mogen leren duiken, heeft het allemaal geen zin.'

'Het kost natuurlijk een vermogen,' zei haar moeder zuchtend. Quinty zei niets meer. Haar moeder klonk alsof ze zich al half had neergelegd bij het idee dat het door zou gaan. Maar haar vader was altijd verschrikkelijk streng. Als hij het nou maar goedvond!

Die avond zaten Suzanne, Ellen en de twee Paulen in de kamer bij Quinty thuis. Cas en Quinty waren naar buiten gestuurd, omdat ze zich er steeds mee bemoeiden. Ze zaten op de stapels tegels in de voortuin van Cas. Paul zei al een jaar dat hij de voortuin ging aanpakken.

'Als het niet mag, loop ik weg,' zei Cas.

'Waarheen dan?' vroeg Quinty.

'Ik verzin wel wat,' zei Cas. 'Naar opa en oma?'

'Je bent gek in je hoofd,' zei Quinty.

Haar vader stak zijn hoofd om de hoek van de voordeur en riep hen. Quinty stond op en voelde hoe haar maag samenkneep. Dit was niet zomaar iets wat ze graag wilde. Dit ging niet om haar en Cas. Dit ging om Dolfijntje.

'We hebben iets besloten,' zei haar vader met een ernstig gezicht. 'Maar eerst iets vooraf. Ik wil geen gemekker en gemaar.'

Quinty liet haar hoofd voorover vallen. Dus geen goed nieuws. Ze voelde zich verslagen. Dolfijntje moest naar Duitsland. Ze had haar niet kunnen redden.

'Kunnen we dat afspreken?' vroeg haar vader streng. Waarom zat er zo'n flauw glimlachje om de mond van haar moeder?

'Ja hoor,' zei Cas.

'Quinty?'

Ze kon niets zeggen. Haar keel zat dicht. Ze had haar ouders nog nooit zo gehaat als nu.

Uiteindelijk knikte ze maar, haar ogen nog steeds gericht op de vloer. Ze wist niet zeker of er tranen in haar ogen stonden, maar als het zo was, wilde ze ze zeker niet laten zien.

'Goed,' zei Paul. 'We hebben het erover gehad. Het is natuurlijk een belachelijk plan. De stichting vindt het ook vast niet goed. Dán gaat het dus sowieso niet door. Dit geintje kost duizenden euro's. Bovendien zouden we gaan kamperen in de zomervakantie, maar... als jullie een kwart zelf verdienen, dan mag het van ons.'

Met een ruk tilde Quinty haar hoofd op.

'Echt?' stamelde ze.

'Zelf verdienen? Cool!' zei Cas. 'Auto's wassen en zo?'

Quinty kon haar tranen nu niet meer bedwingen. Maar ze lachte tegelijkertijd. 'Bedankt,' was het enige wat ze uit kon brengen.

Het weekend was regenachtig begonnen. Maar nat werden ze toch wel van het auto wassen. Cas stond met schuim te klieren.

'Schiet eens op, joh,' zei Quinty. 'Ik wil er nog twee afkrijgen voor we naar binnen moeten.'

'Twee! Doe niet zo gek,' zei Cas. 'Wou je me dood hebben of zo?'

Toch was Cas net zo fanatiek als Quinty. Door de week begonnen ze 's middags met folders verspreiden. Ze deden ze door de brievenbussen, maar stonden ook wel eens bij het benzinestation, voor de wasstraat, net zolang tot de pomphouder hen wegstuurde. Sommige mensen huurden hen meteen in, maar de meeste beloofden het voor de volgende keer. Op de folders stond het telefoonnummer van Ellen en zij klaagde dat ze steeds vaker gestoord werd. Ze maakte een keurig lijstje met adressen en tijden dat de mensen thuis waren. Van hun eerste verdiensten hadden ze nieuwe sponzen en zemen gekocht. Morgen hadden ze ook nieuwe shampoo nodig.

Natuurlijk had Quinty niet altijd zin. Het begin was spannend geweest, maar al gauw was het een beetje saai geworden. Toch gingen ze elke middag weer. Ze hoefde maar aan Dolfijntje te denken of ze pakte de emmers en de sponzen.

'Hoeveel hebben we eigenlijk al?' vroeg Cas.

'Ik weet het niet precies,' zei Quinty. 'We zijn ongeveer op de helft.'

'Heeft die directeur al een beslissing genomen?' vroeg Cas.

'Nog niks van gehoord,' zei Quinty. 'Maar het moet goed komen. Volgende week begint onze duikles. Daarna gaan ze toch geen nee meer zeggen?'

51

'Anders bel ik SBS 6.'

Meteen stopte Quinty met het dak afsponsen. Ze stapte van de plastic kruk. 'Cas! Dat is een hartstikke goed idee!'

'Wat is een goed idee?' vroeg Cas onzeker.

'Als we SBS 6 bellen en ze vinden het een goed onderwerp, dan zeggen wij dat ze zo'n bankrekeningnummer in beeld moeten zetten. Als die directeur dan nog niet meedoet!'

'Een heel goed idee, al zeg ik het zelf,' zei Cas breeduit lachend.

'Volgens mij ben je bang om te bellen,' zei Cas een paar dagen later. 'Je stelt het steeds uit.'

'Dat is het niet,' zei Quinty, al had Cas wel een beetje gelijk. 'Maar wat als hij nee zegt?'

'Ik bel wel,' zei Cas, en hij stond op om de telefoon te pakken.

'Zet hem op luidspreker,' zei Quinty net op tijd.

'Ik sta te draaien,' zei Eric Bonte aan de andere kant, toen hij doorhad wie hij aan de telefoon had.

'Draaien?' vroeg Cas.

'Filmen. Maar waarvoor bel je? Je hebt me nu toch al gestoord.'

Quinty beet op haar lip, maar Cas liet zich niet van de wijs brengen. Heel rustig legde hij uit wat ze verzonnen hadden.

'En is het dolfinarium het daarmee eens?' vroeg Bonte.

'SOS Dolfijn,' zei Quinty zacht.

'Dat is het juist,' zei Cas. 'Als jij ze belt en je zegt dat je een item maakt met een bankrekeningnummer, dan vindt hij het zeker goed.'

Dat was wel heel eerlijk uitgelegd, dacht Quinty. Had zij nou maar gebeld.

'Ho, ho, dat gaat wel heel hard,' zei Bonte. 'Ik ben niet van *Hart in Actie* of zo.'

'*Hart in Actie*?' vroeg Cas.

'Laat maar,' zei Bonte. 'Voor jouw tijd. Weet je, ik kan altijd bellen. Beloven doe ik niks, maar ik kan er altijd een telefoontje aan wagen. Wie moet ik hebben?'

'Van Wonderen,' fluisterde Quinty.

'Van Wonderen,' zei Cas.

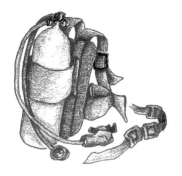

Vertrouwd

'Eigenlijk kan dit helemaal niet,' zei Geja Simek in haar kleine behandelkamer. Met Cas, zijn vader en Quinty zelf was de ruimte propvol. Gelukkig stond het raam open. In de verte hoorde je de stemmen van opgewonden kinderen, die rondkeken op het buitenterrein van het dolfinarium.

'We hebben van alles moeten regelen. Toestemming arbeidsinspectie. Er is een man van onze aansprakelijkheidsverzekering langs geweest...'

'Van de wát?' onderbrak Cas haar.

'De verzekering. Want als er iets met jullie gebeurt, zijn wij aansprakelijk. Dus moeten wij de schade betalen, als jullie een ongeluk krijgen en híj ons voor de rechter sleept.' Geja's vinger wees naar Paul.

'Dat zou hij nooit doen,' zei Quinty.

Geja grijnsde. 'Verzekeringsmaatschappijen denken zo niet,' zei ze.

'Maar is het gelukt?' vroeg Cas.

Geja knikte. 'We hebben het maar hetzelfde aangepakt als jullie. Gedreigd dat SBS 6 een heel verhaal zou maken als het niet door zou gaan.'

'O!' riep Cas verontwaardigd. 'Dat hebben wij niet gedaan!'
'O nee?' zei Geja. 'Die man van SBS 6 liet het wel zo klinken volgens Van Wonderen.'
Quinty voelde dat ze begon te blozen. Dat was niet de bedoeling geweest. Eric Bonte had blijkbaar gedreigd... Nou ja, het had wel gewerkt blijkbaar.
'Als ouders zien wij het als een nuttige vakantie, en niet als werk,' zei Paul.
'Wij ook. Maar onze jurist heeft toch maar een heel contract gemaakt. Hier zijn er twee, lees het thuis rustig door en als u en de ouders van Quinty ermee akkoord gaan, dan hebben we ze getekend retour nodig.'
'Geen probleem,' zei Cas. Paul grijnsde.
'Wilden jullie eigenlijk niet weg van de zomer?' vroeg Geja.
Paul knikte. Quinty keek even opzij, maar Paul keek niet spijtig, wat ze verwacht had.
'We zouden naar Zuid-Frankrijk. Dat doen we elk jaar. Maar nu gaat het wat anders dan normaal. Eerst trek ik er met mijn vrouw een weekje opuit en daarna zijn Quinty's ouders aan de beurt.'
'Dus jullie gaan je ouders een week missen,' zei Geja.
Quinty haalde haar schouders op. 'We merken het verschil niet eens,' zei ze. 'Ik eet zo vaak bij hen en ik logeer er ook wel eens.'
'En we zijn toch dag en nacht bij Dolfijntje.'
'Nou, nee,' zei Geja, 'dat kan niet. Om vijf uur is het over en uit. Delphine moet ook alleen zijn. Als ze te veel aan jullie gezelschap gewend raakt, maakt ze de overstap naar de zee natuurlijk ook niet.'
Ze bespraken hoe ze Dolfijntje zouden leren duiken. Hoe ze haar in het diepe bad konden helpen om te leren jagen.
'Wanneer is jullie duikcursus klaar?' vroeg Geja.
Quinty wist het niet precies. Gelukkig had Paul de datum in de kalender van zijn telefoon gezet. Ze spraken af dat ze de volgende dag direct zouden komen.

'De eerste keer zal ik jullie nog brengen en halen,' zei Paul. 'De tweede keer gaan we met de trein. En op dag drie gaan jullie alleen met de trein.'

'Er gaat elke vijf minuten een bus vanaf het station,' zei Geja. 'Die stopt hier vlakbij.'

'We vinden lopen niet erg, hoor,' zei Cas. Geja glimlachte.

'Bedankt voor het vertrouwen,' zei Paul, toen ze weggingen.

'Jullie bedankt voor jullie inzet,' zei Geja.

Op de eerste dag van de duikcursus regende het aan één stuk door. Quinty's moeder had een of andere bizarre poncho tevoorschijn gehaald, maar Quinty had geweigerd hem aan te doen. Uiteindelijk ging hij in de tas mee. Quinty vond het belachelijk. Nat werden ze toch wel.

'Kom,' zei Suzanne. 'Snel de auto in. Waarom dit nou toch op zondagochtend moet, zo vroeg...'

Om niet opnieuw een discussie te krijgen over wat voor jas ze aan moest, rende Quinty alvast naar de auto. Snel drukte Suzanne op de afstandsbediening van haar autosleutel, zodat Quinty niet in de regen hoefde te wachten. Zodra ze de auto ingekropen was, drukte ze op de toeter om Cas te waarschuwen. Dat mocht niet van haar moeder, maar zíj deed het zélf ook altijd.

'Ben je gek geworden of zo,' zei Suzanne, toen ze instapte en de druppels uit haar haar schudde. 'Je maakt de hele buurt wakker met je getoeter.'

'Daar is Cas,' zei Quinty tevreden. Ze had een hekel aan te laat komen en zeker op de eerste dag van iets nieuws.

De duikschool zat in Amersfoort. Ze moesten naar het zwembad, maar ze zouden de dag beginnen met uitleg. Quinty en Cas hadden allebei een nieuw duikpak en vinnen voor aan hun voeten gekregen. Hoe vaak Cas' vader ook had gezegd dat hij wel iets op Marktplaats zou vinden, vorige week stonden ze ineens in een

watersportzaak duikpakken te passen. De duikschool had lood-
gordels, flessen en ademautomaten. Quinty had geen idee wat
ademautomaten waren, maar het stond op de website. Die ze intussen ongeveer uit haar hoofd kende.

'Schiet op, mam, het is groen,' zei Quinty.

'Nou zeg,' zei Suzanne. 'Wat een haast ineens. Naar zwemles
moest ik je vroeger zo'n beetje duwen.'

'Dat is toch heel iets anders,' zei Quinty.

Ze waren ruim op tijd. Quinty had gedacht dat er alleen maar
kinderen op de cursus zouden zitten. Maar er was ook een dik
echtpaar en even later kwamen er twee vrienden van een jaar of
twintig bij. Gelukkig waren er nog drie andere kinderen. De in-
structeur heette Steve. Hij had vrolijke ogen en heette iedereen
welkom. Ze zaten in een stille hoek van de kantine. Het recrea-
tiebad was gewoon open. Quinty vroeg zich af waar ze straks het
water in zouden gaan.

'Jullie kunnen het 't beste leren door het gewoon te doen,' zei
Steve. 'Maar duiken moet je echt kunnen, anders is het gevaarlijk.
Ga niet tussen de lessen door zelf het water in. Pas als je de vijf
dagen helemaal gevolgd hebt, mag je zelf gaan duiken. En ook dat
doe je altijd met een buddy. Als er onder water iets gebeurt en je
bent alleen, dan ben je al snel zomaar visvoer.' Quinty huiverde.
Ze zag dat soort dingen altijd meteen voor zich. Een vis die zich
een weg vrat door haar nieuwe duikpak.

Steve vertelde alles over hun uitrusting. Ze leerden dat een ademautomaat een apparaatje was dat het ademen van lucht uit een
fles net zo makkelijk maakte als gewoon ademen boven water.
Hij vertelde dat de druk onder water per meter toenam, waardoor je niet te snel moest afdalen. Hij deed voor hoe je moest kla-
ren. Dat was hetzelfde als ze een keer in het vliegtuig had moeten doen van haar moeder, toen ze oorpijn had. Net toen het
Quinty begon te duizelen, kregen ze even pauze. De kinderen had-

den allemaal wat te drinken meegekregen, de volwassenen haalden koffie bij de bar.

'Waar komen jullie vandaan?' vroeg Steve.

Quinty haalde het rietje van haar pakje uit haar mond.

'Zevenmeren.'

Steve keek van haar naar Cas en weer terug. 'Wie van jullie is ouder?'

'Ik,' zei Cas. 'Twee weken.'

'O,' zei Steve. 'Ik dacht dat jullie broer en zus waren.'

'We zijn beste vrienden,' zei Cas. 'En bijna buren.'

'Zitten jullie ook in dezelfde klas?' vroeg Steve.

'Nee. Maar wel op dezelfde school. Ze hebben ons uit elkaar gehaald.'

'Waarom?' vroeg Steve.

'Geen idee,' zei Quinty. 'Ze doen maar wat, zei mijn moeder.'

'Hier zitten jullie in ieder geval de komende vijf weken bij elkaar in de klas,' zei Steve.

Na de pauze oefenden ze het aan- en weer uittrekken van de spullen. Alles moest heel precies. Je kon natuurlijk niet hebben dat je onder water ineens je fles of je loodgordel verloor. 's Middags gingen ze eindelijk het water in. Eerst leerden ze onder water ademen, op een plek waar je gewoon kon staan. Daarna gingen ze naar het diepe. Ze oefenden twee manieren om van de kant te gaan: als een potlood, zoals ze met zwemles zo vaak hadden gedaan, maar ook achterover. Dat was wel wennen. Maar het was supercool om door het gewicht van de flessen en de gordel onder water te blijven zweven.

'En dit is nog maar het zwembad,' zei Steve, toen ze even later weer allemaal op de kant stonden. 'Wacht maar tot jullie over een paar weken echt in de natuur gaan duiken.'

De dikke mevrouw klapte opgewonden in haar mollige handjes.

Ruim een maand later gingen ze met zijn allen naar buiten, voor hun eerste duik in natuurwater. Twee kinderen waren afgehaakt.

'Wie doet dat nou,' zei Cas tegen Quinty, terwijl Steve dingen stond uit te leggen die ze allang wisten. 'Je opgeven voor zo'n dure cursus en dan niet meer komen juist nu het leuk wordt.'

'Het is leuk, maar ook errug koud,' zei Quinty. Het was best mooi weer. Maar ze stonden in de schaduw en het waaide een beetje.

'Jij hebt het altijd koud,' zei Cas.

'Letten jullie ook een beetje op daar?' vroeg Steve. Hij keek niet al te boos gelukkig.

'Koukleum,' zei Cas nog snel. Quinty gaf hem een por.

Ze moesten naar het einde van een pier lopen, waar ze zich achterover in het water konden laten zakken. Quinty was blij. De flessen waren zwaar en de loodgordel maakte het alleen maar erger.

'Ik wil helemaal naar de bodem,' zei Cas. Quinty schrok. Hoe diep was het hier?

'Doe nou maar gewoon wat hij zegt,' zei ze snel.

'Ik ga een vis vangen,' antwoordde Cas onverstoorbaar. 'Met mijn blote handen.'

Steve hoorde het en begon te lachen. 'Als u nog geen eten in huis heeft, Cas verzorgt de vis,' zei hij tegen het echtpaar. 'Hij vangt ze met blote handen.'

Iedereen lachte. Cas keek in het rond met een brutale blik. Het zag eruit alsof hij echt van plan was woord te houden.

Ze gingen met zijn tweeën het water in, terwijl Steve alleen maar meeging om te kijken. In je eentje duiken was te gevaarlijk: als er iets misging, kon de ander je langzaam naar boven halen. Dat mocht niet te snel, net als bij het dalen, want de druk veranderde bij elke meter. Eindelijk waren Cas en Quinty aan de beurt. Precies tegelijk plonsden ze achterover de steiger af.

Het eerste wat Quinty opviel, was dat je een stuk minder zag dan in het heldere water van het zwembad. Cas was een vage vlek, al zat er maar een paar meter tussen hen. Voorzichtig daalden ze af, precies zoals Steve het ze had uitgelegd. Hoewel ze precies wist wat ze moest doen, had Quinty toch een knoop in haar maag. Waar was Steve? Als zij hem niet zag, zag hij hen dan wel? Misschien zwom hij achter ze.

Het ging eigenlijk best goed, besefte ze opeens. Ze keek om zich heen en probeerde zoveel mogelijk te zien. Waarom zou ze niet genieten? De knoop in haar maag begon langzaam te verdwijnen. Onder haar schoof een grote vlek over de bodem. Wat was het? Een school vissen?

Cas schoot naar beneden. Had hij het ook gezien? Hij zou toch niet echt zo gek zijn om een vis te willen vangen? Zonder aarzelen volgde ze hem. In een ooghoek ontdekte ze Steve, die wilde gebaren maakte.

Ze had geen tijd er veel aandacht aan te schenken. De vissen schoten alle kanten op, terwijl Cas ernaar probeerde te grijpen. Ze blies een hoop bellen uit, wat zijn aandacht trok. Snel wees ze op haar voorhoofd en toen naar boven. Maar Cas had besloten zijn eigen zin door te zetten. Hij wilde natuurlijk de groep laten zien dat hij echt vis kon vangen.

Of het nou door het plotselinge drukverschil kwam of door haar boosheid, maar Quinty voelde zich duizelig. Eerst een beetje en toen heel erg.

Ze móést naar boven.

De paniek voelde als een zuigende kracht, die bezit nam van haar gedachten, de besturing van haar lichaam overnam. Ze was al onderweg naar boven. In gedachten brak ze door het wateroppervlak heen. Om daglicht te zien en frisse lucht in te ademen.

Maar ze voelde een gewicht aan haar benen hangen.

De paniek golfde door haar hele lichaam. Ze maakte wilde, trappende bewegingen. Ze moest onmiddellijk naar boven, nu! Stop.

Wat ze meemaakte, was precies wat Steve had benadrukt tijdens hun laatste theorieles.

Het gewicht aan haar benen was Cas.

Als ze zo snel naar boven zou schieten, zou ze buiten bewustzijn raken.

Waarom haalde ze eigenlijk geen adem? Ze had een ademautomaat. Een paar diepe teugen lucht maakten een einde aan haar paniek. Ze kromde haar lichaam en gebaarde naar Cas dat hij los kon laten. Gecontroleerd, meter voor meter, gingen ze samen naar boven.

Dit mocht haar nooit, nooit meer overkomen. Toen ze boven was en haar mondstuk uitdeed, lachte ze verlegen naar Cas.

'Bedankt,' zei ze.

'Sorry,' zei Cas.

Meer woorden hoefden er eigenlijk niet aan vuilgemaakt te worden. Steve dacht daar anders over en bleef maar over het voorval praten. Al met al duurde de les een uur langer dan gepland. Steve leek zelfs blij dat Quinty in paniek was geraakt. Hij kon de groep een les leren die ze nooit meer zouden vergeten.

'Waarom zijn jullie zo laat?' vroeg Paul aan zijn zoon, toen ze eindelijk bij de duikschool aankwamen. Omdat dit hun eerste buitenduik was, had Paul aangeboden ze toch op te komen halen. Quinty haalde diep adem. Hier was ze bang voor geweest. Nu moest ze vertellen wat er gebeurd was en misschien zouden haar ouders dan alsnog het hele plan verbieden.

'Iemand raakte in paniek,' zei Cas. 'En toen ging die leraar een uur zitten vertellen hoe gevaarlijk dat was.'

'Lekker belangrijk,' zei Paul zorgeloos. En dat was het laatste wat erover gezegd werd, want ze bleef die avond eten bij Cas.

Opgezocht

Alsof ze één stel hersens hadden. Alsof ze al van tevoren wist wat Quinty ging doen. Zo exact gelijk waren hun bewegingen. Quinty dook naar de bodem, een spoor van bellen achter zich latend. Dolfijntje volgde haar, of nee, deed precies tegelijk hetzelfde. Het was moeilijk te zeggen wie iets het eerste deed. Met Cas had ze soms dat ze na een lange stilte juist beiden op hetzelfde moment begonnen te praten. Dit voelde ook zo, maar dan veel bijzonderder. De dolfijn lag naast haar in het water, iets dieper en iets achter Quinty. Geja had uitgelegd dat het natuurlijk gedrag was voor een jonge dolfijn, om zo naast haar moeder te zwemmen. Quinty had gegiecheld. Dolfijntje was dubbel zo groot als zijzelf.

Quinty was vandaag alleen, omdat Cas een toernooi had met voetballen. Normaal zou ze wel zijn meegegaan om te kijken. Maar nu benutte ze elke dag die ze had om Dolfijntje te leren duiken.

Ze zwom naar boven. Dolfijntje moest af en toe lucht happen door het blaasgat op haar hoofd. Dolfijntje kon het best een paar minuten uithouden, maar Quinty wilde het ook niet overdrijven. En naar beneden ging het weer. Het was heerlijk om je zo één te voelen met een dolfijn. Ze maakte het halfuur vol. Daarna moest

62

ze eruit volgens de regels, om op temperatuur te komen. Ze had de hele dag nog. De zomervakantie was net begonnen.

Ze douchte en zocht Geja op. Die zat in haar kamer te bellen. Quinty wachtte geduldig en stapte toen naar binnen.

'Wanneer denk je dat Dolfijntje het weer in zee mag gaan proberen?'

Geja spreidde haar handen. 'Dat is de moeilijkste vraag die je me kunt stellen,' zei ze. 'Hoe langer ze hier is, hoe meer ze went aan hapklare porties vis. Maar als we het te snel proberen, mislukt het misschien weer.'

'Hoe beslissen jullie dat dan?' vroeg Quinty.

'Ik moet zelf de knoop doorhakken,' zei Geja. 'Ik heb het laatste woord. Ik kijk naar haar en ik luister naar de verzorgers en naar jou. En als ik denk dat de tijd rijp is, proberen we het nog eens.'

'Heb jij veel ervaring met dit soort dingen?'

'Niet om op te scheppen, maar van alle dolfinaria in Europa weten wij hier nog het meest van het terugzetten van dolfijnen.'

Geja's telefoon ging. Quinty liep naar de kantine. Van al dat zwemmen werd je hongerig.

Ze wilde zich alweer gaan omkleden toen Geja de kantine binnen kwam lopen. Ze zag er vreemd uit, ze leek gestrest.

'Wat is er?' vroeg Quinty.

'De Duitsers... ze voeren de druk op. In Duitsland schijnen de kranten vol te staan. Ik...' Geja zuchtte. 'Ik heb het ook al met Diederik besproken...'

'Wat staat er dan in de kranten?' vroeg Quinty. 'En wat heb je besproken?'

Geja liep naar de bar, pakte een kop koffie en plofte op een stoel.

'Nou, vertel,' zei Quinty. Ze zag hoe Geja diep ademhaalde voor ze antwoord gaf.

'In *Bild*, dat is zo'n Duitse sensatiekrant, heeft een stuk gestaan dat wij een onverantwoord experiment doen met Delphine. Er zouden geen voorbeelden zijn van geslaagde terugzettingen na een langere gevangenschap. Ze hebben ook door dat jij en Cas een groot deel van de training op jullie hebben genomen. Dat vinden ze al helemaal belachelijk. Ze zijn een soort actie gestart om het dier naar hun dolfinarium te brengen, om het te laten genieten van een onbezorgde oude dag.'

'Oude dag?' zei Quinty. 'Ze is nog niet eens volwassen!'

'Dat heb ik die mensen van dat dolfinarium ook verteld,' zei Geja met een vermoeide stem.

'Dús?' vroeg Quinty.

'Nou ja, dat staat dus niet in de krant.'

'Maar zijn er dan geen voorbeelden van terugzettingen die goed gingen?'

'Wat?' Geja zat haar verbaasd aan te kijken. 'Natuurlijk. We hebben er vorig jaar zelf drie gedaan. We weten heus wel wat we doen.'

'Nou dan,' zei Quinty. Ze had nog steeds geen idee wat nu eigenlijk het grote probleem was.

'Dat wij het weten is één ding,' zei Geja. 'Maar weten die Duitsers het ook?'

'We hoeven toch niet te doen wat zíj zeggen,' zei Quinty.

Geja staarde voor zich uit en roerde in haar koffie, al zat er helemaal geen suiker in.

Ze zaten bij Cas, want haar ouders waren deze week op vakantie. Paul was begonnen met de stukken uit de Duitse kranten te zoeken op het internet. Nu zocht hij op Google naar succesvolle terugzettingen. Quinty keek mee. Cas had zich al snel verveeld en had zijn Nintendo erbij gepakt.

'Bingo!' riep Paul na een tijdje. 'Zoekt en gij zult vinden.'

'Het is Engels,' zei Quinty teleurgesteld.

'Nou en?' vroeg Paul. 'Wacht even, even tellen.'

'Wat tel je dan?' vroeg Quinty. Ze werd er ongeduldig van. Ze begreep niks van wat ze las.

'Dit is een overzicht van alle teruggezette dolfijnen. Van een of andere Amerikaanse universiteit. Waar was ik? Hè, nou moet ik weer opnieuw beginnen.'

'Misschien staat onderaan het totaal? Zodat je het niet zelf hoeft te tellen?' vroeg Quinty.

Paul wees met zijn vinger naar haar. 'Daar zou je wel eens gelijk in kunnen hebben.' Meteen gleed het stuk over het scherm naar beneden. Pagina na pagina met verslagen van terugzettingen gleden snel voorbij.

'Ja hoor,' zei hij enthousiast. 'Hier staat het!'

'En?' vroeg Quinty.

'Wacht even,' zei Paul. 'Van de gevallen waarvan een afloop bekend is, hè? Ehmm... 26 van de 29 uitzettingen liepen goed af. Drie mislukten. Eén dier was zelfs in gevangenschap geboren en die leerde nog voor zichzelf zorgen.'

'Wow!' zei Quinty.

'Dus in negentig procent van de gevallen loopt het goed af.'

'Dat moet Geja weten. Wacht, ik haal thuis mijn laptop. Dan schrijf ik het op mijn blog terwijl jij verder zoekt.'

'Wel ja,' zei Paul. 'Ik zoek wel verder, hoor. Ik heb toch niks beters te doen. Leren jullie dat tegenwoordig niet op school, dingen opzoeken met Google?'

'Tuurlijk wel,' zei Cas, 'maar de helft is in het Engels, of niet soms?'

'Dat zouden ze jullie dan toch ook moeten leren,' hoorde ze Paul zeggen, toen ze naar de voordeur liep. 'Dan kon ik ook gewoon doen waar ik zin in had.'

Quinty glimlachte. Ze kende de vader van Cas. Die zat nog op internet te zoeken als zij allang lagen te slapen. Soms dacht ze dat hij misschien wel net zo dolfijnengek was als Cas en zij.

De rest van de avond werkte ze aan de Dolphin Rescue Team-pagina op Hyves. Ze beschreef hoe lekker het was om met Dolfijntje in het water te liggen. Ze vertelde welke onzin de Duitse krant had opgeschreven. En ze zei in haar eigen woorden wat er in het stuk van de Amerikaanse professor had gestaan.

In het logeerbed bij Cas op de kamer lag ze nog lang met haar ogen open. Ze wilde graag slapen, want de dagen met Dolfijntje waren behoorlijk vermoeiend. Maar haar hoofd was niet moe. Keer op keer schoot door haar heen wat ze het beste tegen Geja kon zeggen.

En toen ze eindelijk sliep, droomde ze dat ze op de Duitse tv was en geen woord wist uit te brengen. Pas toen ze de volgende morgen haar tanden stond te poetsen, bedacht ze dat ze gewoon tegen Geja moest zeggen dat ze haar blog moest lezen.

Belaagd

Al bij de bushalte werden ze aangesproken. Het bleek de eerste journalist van wat een hele horde zou worden. Nu begreep Quinty waarom Geja zo zorgelijk had gekeken toen ze in haar koffie had zitten te roeren. Het zou niet bij die ene Duitse krant blijven. Quinty had de verslaggeefster bij de bushalte nog wel kunnen afschepen met de smoes dat ze eerst aan haar moeder toestemming zou moeten vragen. Maar de hele groep voor de ingang van het dolfinarium, dat was wat anders. Het waren wel acht of negen journalisten, inclusief een cameraploeg.

Ze probeerde de paniek weg te slikken. Wat moest ze doen? Hier had ze totaal geen ervaring mee. Haar ogen zochten die van Cas. Die leek het allemaal wel grappig te vinden. Hij stond te grijnzen van oor tot oor. Camera's klikten. Misschien moest ze ook proberen te lachen, anders stond ze morgen in de krant als een bang konijn.

Haar hand werd gepakt. Ze keek op.

'Kom maar,' zei een jonge vrouw met blond haar. Quinty had haar wel eens gezien, maar wist eigenlijk niet zo goed wie zij was. 'Over tien minuten beantwoorden we uw vragen,' zei de dame tegen de journalisten. 'In de tussentijd kunt u even een kopje koffie drinken.'

Ze trok Quinty en Cas mee naar de ingang, dwars door het clubje journalisten. Quinty was opgelucht. Nu kon ze de humor er wel van inzien.

'We worden nog beroemd,' zei Cas.

'Het is zomer,' zei de vrouw, die zich voorstelde als Sandra. 'Er is weinig ander nieuws, vandaar dat er zo veel journalisten zijn. Ik breng jullie alvast naar een vergaderzaal. Dan haal ik Geja en laten we die persmensen binnen.'

'Moeten wij dan ook iets zeggen?' vroeg Quinty. Ze was bang dat ze iets fout zou doen waardoor haar hele poging om Dolfijntje te redden in één keer over zou zijn.

'Het belangrijkste is dat je overal eerlijk antwoord op geeft,' zei Sandra, terwijl ze een vergaderkamer in liepen. 'Als je iets niet weet, zeg je "Dat weet ik niet". Als je het niet eens bent met iets in de vraag, zeg je "Ik ben het daar niet mee eens". Zo kan het niet fout gaan. Geen zorgen, ik blijf erbij.'

'Zouden er Duitse kranten bij zijn?' vroeg Cas toen ze alleen waren.

'Ik hoop het niet!' zei Quinty geschrokken.

Cas haalde zijn schouders op. 'We spreken toch geen Duits. Stelt zo'n man een heel lange vraag en dan geven wij alleen maar eerlijk antwoord: "Ik versta u niet." Lachen!'

Quinty was jaloers op Cas. Die kon alles altijd zo lekker luchtig opnemen. Zelf was ze behoorlijk zenuwachtig.

Geja kwam binnen met Sandra. Onmiddellijk gevolgd door de journalisten, die nu niet meer zo opdringerig waren. Ze wisten nu natuurlijk dat er tijd genoeg was om alle vragen te stellen die ze wilden.

Er werd met tafels en stoelen gesleept. Cas en Quinty bekeken het vanuit een hoekje.

'We maken er een echte persconferentie van,' zei Sandra met een knipoog, toen het zo'n beetje klaar was. Quinty knikte, al had ze geen idee wat ze bedoelde.

Ze moesten gaan zitten aan een lange tafel, tussen Geja en Sandra in. Tegenover hen zaten alle journalisten, sommige achter een tafeltje, sommige niet. De cameraploeg had in het midden de camera op een statief gezet.

Diederik van Wonderen, de directeur, kwam onopvallend binnenlopen en ging achterin zitten.

'Ik wou maar beginnen,' zei Sandra, die naast Quinty zat. Ze wachtte even tot het geroezemoes verstomde. 'Welkom. Geja Simek, als dierenarts verbonden aan SOS Dolfijn en tevens werkzaam voor het dolfinarium, zal u naar aanleiding van publicaties in Duitse media vertellen hoe de vork in de steel zit. Direct daarna kunt u vragen stellen, aan de kinderen, maar natuurlijk ook aan Geja Simek.'

Quinty merkte pas dat ze al een poosje naar Van Wonderen zat te staren, toen die met zijn hand een kleine zwaaiende beweging naar haar maakte. Onmiddellijk keek ze strak voor zich uit en ze merkte dat ze begon te blozen. Wat een ellende was dit. Waar was ze aan begonnen?

Geja vertelde op welke datum de dolfijn binnen was gebracht. Dat ze gezond bleek, maar nog jong. En dat het wel eens voorkomt dat jonge kalfjes hun moeder kwijtraken. 'Maar,' ging Geja verder, 'uit recent onderzoek is gebleken dat dolfijnen vrijwel altijd bereid zijn voor de kalfjes van een ander te zorgen. De Noordzee telt duizenden witsnuitdolfijnen en SOS Dolfijn heeft vorig jaar dan ook drie succesvolle terugzettingen gedaan. Daarnaast kan een dolfijn een prima leven hebben in een dolfinarium, maar dit is alleen een optie als terugzetting niet mogelijk blijkt.'

Het viel Quinty op hoe weinig aantekeningen de journalisten maakten. Ze had verwacht dat ze als gekken zouden zitten schrijven.

69

Geja vertelde ook dat SOS Dolfijn geld nodig had. 'We kunnen ons niet permitteren elke dag een trainer vrij te maken om met Delphine aan de slag te gaan. Daarom waren we blij met de hulp van Quinty van den Akker en Cas Odijk.'

Dat bleek het einde van haar verhaal. Quinty haalde diep adem. Nu zouden de vragen komen. Ze herinnerde zich wat Geja verteld had over het stuk in *Bild*.

Gelukkig was de eerste vraag voor Geja. Hij kwam van een man in een blauw overhemd. 'Zijn er gegevens bekend over dit soort terugzettingen? Hoe vaak is dit succesvol gebeurd?'

'Voor zover ik weet, zijn daar geen gegevens over,' zei Geja. 'In Europa lopen wij voorop. We zijn erg succesvol, maar hebben de cijfers niet op een rijtje.'

Quinty besefte ineens dat ze meer wist dan de dierenarts over dit onderwerp.

'In Amerika had je vroeger veel van die kleine dolfinaria, voor shows in winkelcentra,' zei de man met het blauwe overhemd. 'Zijn die uiteindelijk ook uitgezet?'

'Dat zou ik eerlijk gezegd niet weten,' zei Geja.

Quinty had haar adem ingehouden, die nu in één keer ontsnapte. Het was nu of nooit.

'Ik weet het wel,' zei ze zacht. Weer voelde ze dat ze rood werd. Er was geen weg meer terug. Ze probeerde niet te letten op Geja en Sandra, die haar verbijsterd aan zaten te gapen. De cameraman had zich voorovergebogen en deed iets naast zijn lens.

'Van de 29 uitzettingen waarvan de afloop is bestudeerd, zijn er 26 gelukt. Dat is ongeveer negentig procent.'

'Hoe weet jij dat?' vroeg de journalist die de vraag gesteld had. Hij leek er niets van te geloven.

'Ik... zijn...' stamelde Quinty, vaag wijzend naar Cas.

'Mijn vader heeft het opgezocht op Google,' zei Cas ineens trots. 'Het staat in een artikel van een Amerikaanse universiteit.'

70

'Echt waar?' vroeg Geja naast haar.

'Ik ben beheerder van een groep op Hyves,' zei Quinty. 'Daar staat een link op naar dat stuk. En alle vorderingen die we maken met Dolfijntje.'

'Hoe heet die groep dan?' vroeg de journalist die naast de cameraman stond.

'Dolphin Rescue Team,' zei Quinty. 'We hebben al honderden leden.'

De rest van de persconferentie bestond alleen maar uit vragen aan Quinty en Cas. Het was helemaal niet eng. Daarna moesten ze in een hoek van de kamer een paar vragen nog een keer beantwoorden voor de cameraploeg. Die was van RTL. Na afloop vertelden ze dat ze eigenlijk een negatief item wilden maken. 'Als je alleen het verhaal in *Bild* leest, krijg je een heel ander beeld,' zei de journalist.

'Het gaat mij er alleen maar om dat Dolfijntje terug de zee in kan,' zei Quinty. 'En niet de rest van haar leven saai door een hoepeltje moet springen in een stom Duits dolfinarium.'

Even later was de kamer helemaal leeg, op Geja, Cas en Quinty na.

'Hé!' riep Cas en hij wees naar een tafeltje in de hoek. Er lag een grote Nikon-camera op.

'Daar zat die man met dat gele petje,' zei Quinty.

Cas aarzelde geen seconde. Hij rende naar het tafeltje, greep de camera en stormde door de openstaande deur. Quinty liep hem achterna. Ze zag hoe Cas een sprintje trok en door het groepje journalisten heen zigzagde, tot hij bij de man met het gele petje was. Een paar tellen later was Quinty er ook.

'Wat stom van mij!' riep de fotograaf, die zijn camera van alle kanten stond te bekijken. 'Zo'n ding is duizenden euro's waard! Ongelooflijk bedankt.'

'Graag gedaan,' zei Cas.

Een vrouwelijke journalist was stil blijven staan. Misschien waren ze collega's. 'Krijgt hij niet eens een beloning?'

'Dat hoeft niet, hoor,' zei Cas.

'Als wij wat zouden laten liggen, zou u het toch ook aan ons teruggeven,' zei Quinty.

Een denkrimpel die tussen de ogen van de fotograaf was gekomen, verdween. 'Ik weet wat,' zei hij.

Hij begon in zijn grote zwarte tas te rommelen tot hij vond wat hij zocht.

'Alsjeblieft,' zei hij.

Het was een digitale camera van Samsung. Een kleine, die je altijd bij je zou kunnen hebben.

'Het eh... hoeft echt niet, hoor,' stamelde Cas.

'Ach, ik doe er toch nooit wat mee. Ik moest hem testen voor een fotoblad waar ik ook voor werk en toen mocht ik hem houden.'

'Wow! Bedankt,' zei Cas.

'Jij bedankt,' zei de fotograaf, terwijl hij zijn grote Nikon iets omhoog tilde. Hij draaide zich om en liep met grote passen weg.

'Goedemorgen, beroemdheden,' zei Paul de volgende morgen. 'Ik ben maar eens wat kranten gaan scoren. Na jullie fantastische tv-optreden staan jullie ook nog in drie kranten. Drie! Ik heb mijn hele leven nog niet in één krant gestaan.'

'Kom Cas,' zei Quinty. 'We gaan kijken of we krabbels hebben op onze Hyves.' Cas was als eerste bij de computer. Ze hadden krabbels. Het duurde even om ze te tellen: het waren er 64. En 110 nieuwe vriendenverzoeken. Haar profiel was ineens een paar duizend keer vaker bekeken. Quinty hoopte dat iedereen de oproep met het bankrekeningnummer van de Stichting sos Dolfijn had gezien.

Quinty was door het dolle. Maar Paul zette haar weer met twee benen op de grond.

'Het is allemaal geweldig,' zei hij. 'Maar intussen heeft Dolfijntje nog steeds niet in de zee gedoken sinds ze gestrand is.'

Dat was waar. Snel kleedden ze zich aan om naar het dolfinarium te gaan. Er moest geoefend worden. Cas nam zijn camera mee.

'Daar gaan we nog veel plezier van hebben,' zei hij. 'Nu kunnen we foto's maken van Dolfijntje voor op Hyves.'

Opgeladen

Druipend zat ze naast Martin, de dolfijnenverzorger die ze intussen goed kende. Samen keken ze naar Dolfijntje. Cas was gaan helpen met vis schoonmaken. Die was de laatste tijd meer in de keuken te vinden dan in het water.

'Wil je geen handdoek?' vroeg Martin.

Quinty schudde nee. 'Ik ga er toch zo weer in.'

'Je bent er niet uit te slaan, hè?' zei Martin.

Quinty gaf geen antwoord. Ze volgde Dolfijntje, die bovenkwam voor adem en onderdook alsof er niets aan de hand was. Ze zwom wel met haar, maar ze zou niet durven beweren dat Dolfijntje er iets van leerde. Hier dook ze wel, maar of ze dat ook in open zee zou doen? Ook de duik- en jaagspelletjes die Quinty met haar speelde, vond ze hier niet moeilijk. Maar ja, in zee zou Dolfijntje al snel alleen zijn.

'Ik hoop maar dat het werkt,' verzuchtte ze.

'Ik begrijp wat je bedoelt,' zei Martin. 'Je lijkt niet zo veel vordering te boeken. Dat komt doordat het heel geleidelijk gaat en je er steeds bij bent. Als je om de week zou komen kijken, zag je dat ze met sprongen vooruitging.'

Quinty glimlachte flauwtjes. Wat zou ze Martin graag geloven. Maar er was iets wat haar al een tijd dwarszat. Ze was er niet over begonnen, omdat ze bang was dat ze niet meer zou mogen oefenen als ze het zei. Zou ze Martin in vertrouwen nemen? Nee. Voor je het wist, ging er een of ander verhaal rond in het dolfinarium. Wie weet kreeg een journalist er dan lucht van of Van Wonderen kreeg bedenkingen. Ze moest het met Geja bespreken.

'Ik ga toch maar een handdoek pakken,' zei ze, terwijl ze opstond. Ze keek op de grote stalen klok. Halfelf. Geja zat vast met een grote mok koffie in haar kamer, rapportjes te schrijven.

Maar Geja's kamer was leeg. Quinty dwaalde rond. Niemand keek meer van haar op. Uiteindelijk vond ze Geja met een papier in haar hand bij het bruinvissenbad. 'Mag ik je even storen?'

'Eén seconde,' zei Geja en ze was vervolgens een paar minuten bezig met het noteren van getallen. Geduldig bleef Quinty wachten. 'Oké!' riep Geja toen ze klaar was. 'Ik was je al bijna weer vergeten. Je wou iets bespreken? Zullen we even naar mijn kamer lopen?' Zonder op antwoord te wachten liep ze weg.

'Schiet het al lekker op met Dolfijntje?' vroeg Geja, toen ze de kamer in liepen. Quinty ging zitten.

'Ja... nou... Ze leert hier niets meer bij,' zei Quinty.

'Hoe lang al niet?' vroeg Geja, terwijl ze voorover leunde.

Even twijfelde Quinty, toen bedacht ze dat ze het beste eerlijk kon zijn.

'Eigenlijk al vanaf het begin niet,' zei ze zacht. 'Ik had het je eerder moeten vertellen.' Ze voelde bloed naar haar nek kruipen, achter haar haar vandaan en ten slotte naar haar wangen.

Geja pakte een pen op en klikte drie keer met het lipje.

'Je vergist je,' zei ze, terwijl ze Quinty strak aankeek. 'Je begrijpt het niet.'

'Ze leert gewoon niks,' zei Quinty, plotseling koppig. 'Op de allereerste dag dacht ik dat ze nog wat inhield voor ze met me mee-

75

dook, maar daar was later op diezelfde dag al niets meer van te merken.'

'Ik zal het je uitleggen,' zei Geja. 'Ik... Delphine... Dolfijntje... kijk...' Ze tilde haar handen tot bij haar gezicht en liet ze toen in één keer vallen. 'Och Quinty, hoe lang maak je je hier al zorgen over?'

'Al de hele tijd.'

'Had niet gehoeven,' zei Geja. Het leek alsof ze plotseling wist hoe ze het uit moest leggen. 'Dolfijntje ziet jou niet als haar moeder, maar wel als een soort tante. Dat komt in de natuur ook vaak genoeg voor. Dolfijnengroepen nemen verdwaalde kleintjes vaak op. Eén vrouwtje gaat dan voor hem of haar zorgen. Hoe langer Dolfijntje met je zwemt, hoe meer zelfvertrouwen ze krijgt. Dus al kan ze alles, ze wordt toch elke dag dat je hier bent een klein beetje zekerder.'

Quinty knikte. Zo had ze het nog niet bekeken. Maar nu ze hier eenmaal zat, moest ze op alles wat haar dwarszat een antwoord krijgen.

'Maar ze moet duiken en jagen in zee. De zee is een stuk dieper dan dit bassin. Ze moet leren dat de vissen keihard wegzwemmen. Hoe komt ze dat te weten? De eerste keer kan ik misschien wel met haar mee, maar ik zwem echt geen 40 kilometer per uur!'

'Ze zal jou in het begin waarschijnlijk steeds komen zoeken. En zo niet, dan voelt ze zich blijkbaar zeker genoeg om op eigen benen te staan. Daarnaast kunnen wij haar altijd vinden. We blijven haar volgen om te kijken of ze niet te veel afvalt. Maar het allerbeste komt nog: ik heb iets voor jullie gekocht.'

'Wat dan?' vroeg Quinty verbaasd. Ze voelde zich stom. Ze had zich zorgen gemaakt over dingen waarover allang was nagedacht. Geja lachte en stond op. 'Het is vanochtend gekomen. Het zit nog in de doos.'

Naast de kast stond een grote zwarte glimmende doos. Er stond een afbeelding op van een duiker die achter iets hing. Ze kon niet goed zien wat, want daaroverheen zat een grote adressticker.

'Help je mee?' vroeg Geja. Quinty stond ook op en samen begonnen ze het karton stuk te scheuren. Geja pakte er een schaar bij.

'Maar wat is het?' vroeg Quinty.

'Een duikscooter,' zei Geja. 'Je hangt erachter en kunt onder water bijna net zo hard gaan als een dolfijn. In feite ben je in het voordeel, want hij moet zo af en toe naar boven om lucht te happen en jij hebt je perslucht.'

'Wow!' zei Quinty. 'Als Cas dit ziet!'

'Ga hem maar halen,' zei Geja glimlachend. 'Ik zet de scooter vast op de lader. Dan kun je er vanmiddag mee oefenen.'

Quinty stond al bij de deur.

'En dan moesten we met een paar dagen de zee maar eens gaan opzoeken,' zei ze. 'Ik denk dat de tijd wel rijp is.'

Quinty kon niets zeggen. Haar hart juichte. Na een paar passen in de gang zette ze het op een rennen. Cas moest dit zo snel mogelijk horen!

Dolfijntje vond het duidelijk een enorme verbetering, toen ze met de duikscooter het bad in gingen. Duiken met de duikscooter hoefde je niet echt te leren. Het was echt zo simpel als Geja had gezegd: je hield hem voor je, duwde op de knop en je ging vooruit dankzij de propeller.

'Zo lijken we veel meer op een dolfijn,' zei Cas toen ze wisselden. Het was waar. Ze waren groter en ze gingen eindelijk bijna even snel. Dolfijntje was opgetogen en wist van geen ophouden.

Ineens kreeg ze een idee voor een nieuw spelletje. Ze had al zo vaak geprobeerd de glimmende metalen speelgoedvisjes op te laten duiken door Dolfijntje. Het was nooit gelukt. Maar waarom maakte ze er geen wedstrijdje van?

Ze zwom naar boven en deed haar mondstuk uit. 'Cas!' riep ze.

'Gooi om de halve minuut of zo zo'n nepvis in het water. Ver weg van waar Dolfijntje en ik zijn. Maar wel als we de goede kant op kijken. Dan zwem ik er vol gas naartoe. Kijken of Dolfijntje begrijpt dat we doen wie hem het eerste heeft.'

'Cool!' zei Cas.

Dolfijntje begreep er niks van. Na een tijdje wou Cas het proberen. Quinty gooide vissen en Cas spoot ernaartoe. Dolfijntje bleef gezellig in de buurt, maar trok zich weinig aan van de vissen.

Martin kwam langslopen en bleef een tijdje staan kijken.

'Elke keer als je vriendje die vis pakt, moet je voor hem klappen,' zei hij. Hij pakte zijn emmer en slenterde verder.

'Waarom?' vroeg Quinty.

'Doe nou maar,' zei Martin. Quinty deed het. Ze deed het wel vijfentwintig keer, al voelde ze zich een beetje belachelijk.

En toen ineens schoot Dolfijntje Cas voorbij en griste de nepvis voor zijn neus weg.

Quinty klapte veel harder en voelde zich totaal niet meer belachelijk, al maakte ze rare sprongetjes van vreugde.

Geja glimlachte toen ze het verhaal hoorde. Ze spraken af dat ze vrijdag de zee op zouden gaan. In Zeeland was bij Neeltje Jans een stuk zout water dat gemakkelijk af te sluiten was. Als het goed ging, zou Dolfijntje niet eens terug hoeven naar het dolfinarium en zou ze gewoon een nachtje in Zeeland kunnen blijven.

'We willen nog geen publiciteit,' zei Geja. 'Dus rustig aan op die Hyves-pagina van je.'

'Ja baas,' zei Quinty lachend, maar ze kon het wel uitschreeuwen van geluk!

Gevangen

Quinty zat samen met Geja achter in de bus. Dolfijntje was rustig, al keek ze steeds naar Quinty alsof ze wilde vragen wat er allemaal ging gebeuren. Cas zat voorin, tussen de bestuurder en Martin in. Hij maakte foto's met zijn digitale camera.

'Waarom gingen we de vorige keer naar de Wadden en niet toen al naar Zeeland?' vroeg Quinty aan Geja.

'Vakanties. Het afsluiten van dat stukje zeearm wordt gedaan door vrijwilligers. Mensen met een duikdiploma. Daar moeten er vier tegelijk van beschikbaar zijn.'

'Cas en ik hadden kunnen helpen,' zei Quinty, maar verbeterde zichzelf meteen. 'O nee! Toen hadden we nog geen duikdiploma.'

'Nee, maar jullie mogen ook nog niet in getijdenwater duiken,' zei Geja.

'Getijdenwater?'

'Eb en vloed,' antwoordde Geja.

'Met zo'n duikscooter is dat vast ook een makkie,' zei Quinty.

'Daar gaat het niet om. Je moet je duik goed plannen. Het water wordt dieper en ondieper, zelfs als je op dezelfde plaats blijft. Daar moet je rekening mee houden en dat moet je leren.'

79

'En vandaag dan?' vroeg Quinty. Ze zouden nu toch wel met Dolfijntje het water in mogen?

'Nou, Martin heeft dit allemaal gepland. Hij heeft alle duikdiploma's die je kunt halen. Als je doet wat hij zegt, kan er niks misgaan.'

Quinty knikte. Natuurlijk zouden ze doen wat hij zei. Steve, haar duikleraar, had dat wel duidelijk gemaakt: altijd luisteren naar wat je buddy of duikinstructeur zegt. Eigenwijsheid kon levensgevaarlijk zijn.

Toen ze aankwamen, was Quinty blij dat ze haar benen kon strekken. Het waaide en er schoot af en toe wat bewolking voor de zon langs. Ze wist nu wat er moest gebeuren en hielp mee om Dolfijntje uit de bus te tillen.

'Moeten we weer met een boot?' vroeg ze. Ze zag er geen liggen.

'Nee. We lopen een eind de lagune in. Het wordt snel dieper en dan mogen jullie zwemmen. Ga jij maar met Dolfijntje het water in, dan laat ik Cas de duikscooter naar jullie toe brengen.'

Quinty knikte. 'Moet ik nog iets speciaals doen?'

'Zo snel mogelijk de diepte in gaan als je haar naast je hebt. Dan zullen haar instincten het werk doen. De vorige keer ging ze op de een of andere manier toch te veel nadenken of zo, ik weet het niet.'

'Ik hoop zo dat ze duikt,' zei Quinty.

'En achter een vis aan gaat,' zei Geja. 'Ze moet honger hebben, we hebben haar portie gehalveerd gisteravond en vanochtend.'

Quinty had intussen haar vinnen aan en duikbril op en liep achteruit het water in. Martin en de andere verzorgers droegen de dolfijn. Ze hoefden maar een paar stappen, dan zou het water al diep genoeg zijn.

'Cas, ga jij het water eens in met de duikscooter! Zodra het diep wordt, moet je hem aan Quinty geven.'

'Ik heb anders wel zin in een rondje met de duikscooter,' zei Cas lachend.

'Straks hebben we daar tijd genoeg voor,' zei Geja.

Het was gebeurd voordat ze het goed en wel in de gaten had. Ze had zich op haar buik gedraaid en lag nu onder water, vlak boven de zandbodem en met Dolfijntje naast zich. Zo hard ze kon trappelde ze met haar vinnen richting nog dieper water. Dolfijntje was ondergedoken!

Ze draaide bochtjes en Dolfijntje draaide mee, zoals ze gewend was. Ineens lag Cas naast haar met de duikscooter. Ze pakte hem over en wilde al wegspuiten. Maar ze keek Cas even aan en zag hem wijzen.

Een school vissen bewoog traag over de bodem, die nu een paar meter onder hen lag. Ze knikte en klaarde haar oren om het drukverschil op te vangen. Toen keek ze Dolfijntje aan en ze dook naar beneden. Als een schaduw dook Dolfijntje mee.

De school vissen schoot weg. En Dolfijntje deed niets.

Het was lastig kijken onder water, maar Quinty dacht de vissen even verderop weer rustig boven de bodem te zien zwemmen. Niet al te snel stuurde ze eropaf. Ze kwam iets omhoog, om de vissen te kunnen verrassen. Toen ze erboven zweefden, dook ze zo snel mogelijk naar beneden. Even lag Dolfijntje voor haar en de hoop dat ze een vis te grazen zou nemen, vonkte ergens in Quinty's lijf. Maar het bleef bij hoop. Quinty leek niet te begrijpen dat ze een heerlijk maaltje voor haar neus liet wegzwemmen. Quinty besloot Dolfijntje adem te laten happen. Ze moest toch overleggen. Ze wenkte Cas en Martin dat zij ook op moesten stijgen.

'Martin,' zei ze. 'Dat klappen, dat werkte als ik iets goeds deed!'

'Ja duh,' zei Cas. 'Dat gaat nogal lekker onder water.'

'En boven water zie je niet wanneer ze naar de vissen duikt,' zei Martin bedachtzaam.

'Kom op, nou,' zei Quinty ongeduldig. 'Verzin iets. Straks durft ze niet nog een keer onder te duiken.'

'Oké,' zei Martin. 'We doen het zo. Cas, jij duikt mee met Quinty en blijft aan haar zij zwemmen. Hou je maar aan haar loodriem vast. Zodra Quinty naar de vissen heeft gedoken, geef je Quinty een aai over haar hoofd.'

'Werkt dat?' vroeg Cas op ongelovige toon.

'Geen idee,' zei Martin, maar Quinty besloot niet langer te wachten. Ze dook onder. Dolfijntje aarzelde, heel kort, maar genoeg om Quinty's hart stil te laten staan. Toen volgde ze haar toch. Quinty dook naar vissen, Cas met zich mee trekkend en Dolfijntje aan haar andere kant. De school vissen was weg, maar er waren genoeg andere. Cas streelde haar voortdurend over haar hoofd als ze weer naar vissen had gedoken. Maar het kwartje viel niet bij Dolfijntje.

'Blijf dit doen,' zei Martin toen ze even boven water waren. 'En Cas, blaas extra luchtbellen naar boven vlak voor je Quinty beloont. Dan klap ik in mijn handen als ik ze zie.'

'Hoort Dolfijntje dat?' vroeg Quinty verbaasd.

'Je zou willen dat jij zulke oren had,' zei Martin.

'Ik zou sowieso wel een dolfijn willen zijn,' zei Cas en toen doken ze weer onder.

Quinty kreeg het langzaam kouder. Leek het maar zo of was de scooter leeg aan het raken? Dolfijntje dook steeds enthousiast mee, maar begreep niet dat het de bedoeling was dat zíj vissen moest vangen. Quinty kon haar dat ook niet voordoen. Ze was niet snel genoeg en als ze dat wel was geweest, wat had ze dan moeten doen? In levende vissen happen met een mond waar een ademautomaat voor zat? Het zit er niet in, dacht Quinty. Dat wordt toch Duitsland voor Dolfijntje.

Ze stak haar hand uit naar Cas, met haar duim omlaag. Die wees naar een plek links achter haar.

82

Quinty draaide haar hoofd. Een grote, langzame vis zwom op hun hoogte door de lagune. Het spaarzame licht ketste terug op zijn zilveren huid. Langzaam zwom Quinty ernaartoe. Harder ging niet meer. De accu van de scooter was nu echt bijna leeg.

Ze kwamen steeds dichterbij. De vis had hen vast wel door, maar maakte geen enkele aanstalten om te vluchten. Hij was wel dertig centimeter lang. Nog even en Quinty kon hem aanraken.

Totaal onverwacht schoot Dolfijntje als een raket naar voren. Ineens was de vis weg, maar Dolfijntje lag rustig op haar te wachten. Quinty begreep pas wat er was gebeurd toen ze een klein wolkje roodgekleurd water zag. Cas was helemaal door het dolle. Naar boven, gebaarde hij. Rustig aan, gebaarde Quinty terug. Ze was minstens zo blij als hij, maar als je te snel omhoogkwam, kreeg je last van je hoofd. Dat wist ze maar al te goed.

'Dolfijntje heeft een vis gevangen!' gilde Cas toen ze boven kwamen. 'Zo'n grote!' Hij overdreef, de vis was ongeveer de helft. Maar wat maakte het uit?

Martin spetterde enthousiast op het water, klapte in zijn handen en streelde Dolfijntje toen ze naast hem kwam liggen.

'Het ging snel, joh!' zei Quinty. 'Ik zag het niet eens.'

Vanuit de verte meende ze iets te horen. Ze keek richting kust. Geja stond vlak voor de branding met haar handen voor haar mond naar hen te gillen.

Zo snel ze kon zwom Quinty naar Geja toe, af en toe iets gillend en haar duim opstekend.

De duikscooter gaf nu helemaal de geest. Plotseling was hij best zwaar, maar gelukkig kon ze de bodem al voelen met haar voeten. 'Dolfijntje... heeft... een vis gevangen,' zei ze hijgend, terwijl ze uit de branding liep.

'Super!' zei Geja. 'Wat geweldig! Kom hier.' Ze trok Quinty tegen zich aan. Haar kleren zouden natte plekken veroorzaken op haar kleding. Maar dat maakte nu toch niks meer uit!

Geja maakte pas een einde aan de omhelzing toen Cas en Martin erbij kwamen staan.

'Wie heeft er zin in appeltaart en warme chocolademelk?' vroeg Geja. 'Jullie hebben wel wat lekkers verdiend.'

'Met rum?' vroeg Martin.

'Waar je zin in hebt,' zei Geja. 'We hebben wat te vieren.'

Quinty keek nog een paar keer om. Het was een gek idee om Dolfijntje daar achter te laten in die enorme lagune. Zou ze nog meer vis vangen? Zou ze Quinty niet missen?

Toen ze bij de strandtent op een handdoek achter een warme chocolademelk met slagroom zaten, belde Geja met Van Wonderen, de directeur. Ze hadden het over SBS 6 en mediacircus, en Geja zei steeds iets over exclusiviteit. Quinty kon het niet goed volgen.

'Maandag gaan we haar terugzetten waar je haar gevonden hebt,' zei Geja toen haar gesprek met Van Wonderen was afgelopen.

'O?' vroeg Quinty. Ze was verbaasd. Geja keek haar niet-begrijpend aan.

'Waarom niet hier?' vroeg ze. 'Gewoon netten weghalen en klaar.'

'We willen de kans zo groot mogelijk maken dat ze haar moeder weer tegenkomt.'

'Zou die haar nog steeds zoeken dan?' vroeg Cas.

'Wellicht,' zei Geja. 'Dat zijn dingen die we niet weten. Maar het zou kunnen. En als het zo is, dan doen we er goed aan om haar daar terug te zetten.'

'Ik hoop niet dat ze alleen blijft,' zei Quinty.

'Er zitten duizenden witsnuitdolfijnen in de Noordzee,' zei Geja. 'Daar zit zeker een groep tussen die Del... die Dolfijntje erbij wil hebben.'

'Waarom zeg je ineens Dolfijntje?' vroeg Martin.

'Van Wonderen,' zei Geja, wijzend op haar telefoon. 'Die noemt haar steeds Dolfijntje. De kranten hebben het ook over Dolfijntje. En zijzelf verstaat er allemaal niks van. Dus ik sluit me maar bij jullie aan.'

Quinty staarde over de grijze zee. Daar zwom haar vriendin ergens. Bijna vrij. Nog een weekend in de lagune en daarna zou de Noordzee voor haar openliggen. Quinty zou blij moeten zijn. Dat was ze ook, maar niet alleen maar blij. De vrijheid voor Dolfijntje was ook het einde van elke dag samen zwemmen.

Ze wist dat het moest. De vakantie duurde ook niet eeuwig. Maar tegelijkertijd... ze zou haar niet missen. Ze zou haar verschrikkelijk super-mega-missen.

Gevonden

De eerste dag op school voelde Quinty zich vooral opgelaten. Iedereen bestormde haar alsof ze prinses Máxima was. Keer op keer moest ze hetzelfde verhaal vertellen. Het was moeilijk om enthousiast te blijven, als ze je voor de vierde keer vroegen hoe het was om achter een duikscooter in zee te zwemmen met een dolfijn naast je.

Hart van Nederland had er een heel item van gemaakt. Ze waren op een motorbootje meegevaren de zee op, waar ze niet veel hadden kunnen doen, omdat Quinty, Cas en Dolfijntje al snel te diep waren om nog te kunnen filmen. Steeds als Dolfijntje bovenkwam om lucht te happen, hadden ze opnames gemaakt. Eén keer had Quinty naar ze gezwaaid. Dat shot zat in alle promo's en was al heel vaak uitgezonden. Quinty was vooral blij dat Geja een oproep om donateur te worden had kunnen doen.

De les begon in de kring. Normaal zou het gesprek op zo'n eerste dag na de zomer over vakanties en andere landen gaan, maar nu kreeg Quinty meteen het woord van de juf.

'Ik heb dagen en dagen getraind met Dolfijntje,' vertelde ze. 'Ik vond het heerlijk, maar eigenlijk deed ik maar wat. Ik dacht: wat leert ze hier nu van? Ik durfde er met niemand over te beginnen. Maar op een gegeven moment kon ik het niet langer voor me houden. Toen zei de dierenarts: ze leert jou vertrouwen. Zonder Cas en mij had ze misschien nooit onder water durven duiken in de zee, terwijl ze dat met haar moeder wel deed. Daarna moesten we haar nog leren jagen op vissen. Dat deden we met speelgoed-vissen, maar ze vertikte het om ze op te pakken. Tot een dieren-verzorger tegen mij zei: de ander moet klappen, als je het goed doet. Die beloning wil de dolfijn dan ook.'

'Echt?' vroeg Liselot, een meisje dat vorig jaar nog in de andere groep had gezeten.

'Ja, dat geloof je toch niet? Toen we voor de eerste keer op vis gin-gen jagen in de zee ook. Als wij luchtbellen bliezen, gingen ze boven in hun handen klappen.'

'Hielp dat?' vroeg de juf.

Quinty grijnsde. 'Misschien wel. Dat weet je allemaal niet. Eigen-lijk probeer je maar wat.' De kring begon te lachen.

'We hebben je allemaal op televisie gezien en je ouders zullen thuis wel een heel plakboek hebben bijgehouden,' zei de juf toen het stil was. 'Maar wat is nou het belangrijkste dat je hebt ge-leerd?'

Even dacht Quinty na. Was het geduld hebben? Nee, dat had ze niet moeilijk gevonden. 'Ik heb geleerd dat je veel beter vooruit moet denken,' zei ze toen. 'Geja, de dierenarts, die zet in haar hoofd alles op een rijtje. Als ze iets niet weet, gaat ze het uitzoe-ken of vragen. Dat had ik ook moeten doen.'

'En wat vond je het leukste?' vroeg de juf.

'De aandacht zeker,' zei Liselot.

Quinty schudde haar hoofd. 'Wel de krabbels op Hyves, die zijn leuk om te lezen. Maar van SBS 6 en zo, dat lijkt veel spannender dan het is. En ik was steeds bang voor Duitse journalisten.' Ze rilde even bij de herinnering. 'Het leukste was ook het verdrietigste,' zei ze toen. 'De laatste keer, dat Dolfijntje echt wegzwom. Ik wist dat ze het kon, ik was zo trots op haar. Samen met Cas en SOS Dolfijn hebben we alles wat we konden gedaan om haar de vrijheid te geven. En dan krijgt ze die... en dan zwemt ze zo bij je weg. Ik wist niet hoe ik me moest voelen.'

'Zwom ze toen in één keer weg?' vroeg de juf.

Quinty knikte. 'Ik had misschien wel iets verwacht. Dat ze nog een keer omdraaide of zo. Van de dierenarts moest ik in volle vaart plotseling stoppen, omhoog zwemmen en meteen naar een plek gaan waar ik kon staan. Ik had mijn duikbril nog op natuurlijk en keek onder water. Daar kon ik haar nog weg zien zwemmen. Ze keek niet om, geen sprong uit het water, niks. In een film zouden ze dat echt wel anders laten aflopen.'

Weer lachte de klas. Maar er drukte iets zwaars op Quinty's borst. Ze grijnsde wel, maar kon niet voluit mee lachen.

'Iemand nog een laatste vraag?' Een stuk of tien kinderen staken hun hand op. Jonathan, de jongen recht tegenover Quinty, kreeg de beurt.

'Hoe weten we nou of het goed gaat met Dolfijntje?'

'Ze heeft een zendertje onder haar huid. Zodra ze haar zien, kijken ze of ze is afgevallen. Als ze eet, is het goed.'

'Ook als ze alleen blijft?' vroeg de juf, die blijkbaar vergeten was dat ze de laatste vraag had aangekondigd.

Quinty knikte. 'Een dolfijn alleen heeft het minder gezellig, maar kan prima overleven.'

Het was weekend geworden en het regende pijpenstelen. Toch hadden Cas en Quinty Paul overgehaald naar de kust te rijden, waar Geja en Martin met een motorbootje op zoek gingen naar Dolfijntje. Dit deden ze in hun vrije tijd, want echt nodig was het niet. Ze misten Dolfijntje blijkbaar net zo erg als Quinty.

'Er kan een van jullie vóór de lunch mee op zoek en een na de

lunch. Voor allebei is de boot echt te klein met dit weer. Kies maar.'
'Ik ga wel vanmiddag,' zei Quinty in een opwelling.
'Top,' zei Cas, die altijd alles meteen wilde doen.
De zender van Dolfijntje zond een signaal uit, dat je alleen kon oppikken als je in de buurt was. Het ging er dus om toevallig in de goede buurt te varen. Martin had een kaart in vakken verdeeld en kruiste met een aardige vaart over het water. Vanuit een verlaten strandtent waar alleen een stel met een grote hond wat aan het drinken was, tuurden Quinty en de vader van Cas door een verrekijker de zee af. Soms vonden ze de boot, maar er gebeurde verder niks bijzonders aan boord. Dan lieten ze hem maar weer uit het oog verdwijnen.
'Ben je niet vreselijk jaloers?' vroeg Paul.
'Op Cas? Nee hoor. We hebben allebei kans. Het belangrijkste is om te weten dat het goed gaat met Dolfijntje.'
'Ze kan wel bij Engeland zwemmen,' zei Paul met een zucht.
'Daarom,' zei Quinty. 'Je moet dit niet één keer doen, maar gewoon zo vaak mogelijk. En in het begin heb je nog de meeste kans. Zo ver kan ze dan nog niet weg gezworven zijn. Maar dan nog. Vroeg of laat komen ze toch wel weer eens terug.'
'En jij denkt dat die mensen elk weekend opofferen om met een motorbootje over de Noordzee te crossen,' zei Paul.
'Ik denk niet elk weekend,' zei Quinty.
'Wil je nog chocolademelk?' vroeg Paul. Hij pakte zijn iPhone. Zeker om het nieuws te bestuderen.
'Nee, dank je,' zei Quinty. Straks was ze al misselijk voor ze die ruwe zee op moest.

Nadat ze met zijn allen geluncht hadden, was het Quinty's beurt om aan boord te stappen.
'Je weet dat we hoogstwaarschijnlijk niets zien, hè?' waarschuwde Geja.

89

'Ik weet het,' zei Quinty. 'Maar wie weet heb ik juist geluk.'

Of misschien had Dolfijntje wel net zo lang gewacht tot Quinty aan boord was. Want precies op het moment dat Martin zijn ontvanger hoorde piepen, zag Quinty Dolfijntje uit het water springen.

Ze wist niet hoe snel ze haar flessen om moest doen en haar vinnen aan. 'Dolfijntje, Dolfijntje,' riep ze steeds, met een stem vol opwinding. Eindelijk kon ze zich achterover in het water laten zakken. Haar duikscooter was niet mee, maar ze zwom de benen uit haar lijf. Met grote slagen ging ze op Dolfijntje af.

Die zwom naar boven voor lucht en Quinty volgde haar voorbeeld. Ze streelde Dolfijntje over haar achterhoofd. Er kwam zout water in haar bril en het duurde even voor Quinty besefte dat het geen druppels zeewater waren, maar tranen.

Dolfijntje dook naar beneden en Quinty volgde haar.

De rollen zijn omgedraaid, dacht ze. Zij duikt, ik volg.

Steeds wachtte Dolfijntje even door een klein rondje te zwemmen. Waarom is de duikscooter niet mee, dacht Quinty. Zeker omdat niemand ervan uitging dat ze Dolfijntje echt zouden vinden.

En toen zag Quinty het. Abrupt hield ze op met zwemmen. Hoge tonen en vrolijke tikken klonken door het water.

Dolfijntje zwom naast een andere dolfijn. Ook een witsnuit. Groter dan zij. Was het een nieuwe vriendschap? Of misschien haar moeder?

Als ze niet onder water had gezweefd, had ze gegild van blijdschap. Meteen wist ze dat ze Dolfijntje nooit meer op dezelfde manier zou missen. Natuurlijk, ze zou nog vaak terugdenken aan hoe het was om met haar te zwemmen. Maar nu wist ze dat haar vriendin niet meer alleen was.

Langzaam zwom ze op de twee dieren af. Toen ze vlakbij was, maakte ze een bochtje om hen heen. Ze kwam naast Dolfijntje te liggen, die nu tussen de andere dolfijn en Quinty in zwom.

Maar dat vond de andere dolfijn niet zo'n goed idee.

Als een raket schoot ze weg, hapte onderweg lucht, dook naar beneden en ging naast Quinty zwemmen. Nu lag ze tussen twee dolfijnen in.

Voorzichtig aaide ze Dolfijntje over haar kop en liet haar gaan om lucht te halen. Ze aaide de andere witsnuit. Ze keken elkaar lang aan.

Al snel kwam Dolfijntje terug en de twee spoten naast elkaar weg. Ze zwommen een rondje om Quinty heen.

De anderen, dacht Quinty, ik moet het Geja en Martin vertellen. Ze zwom rustig omhoog.

'Ik... Dolfijntje, een ander...' riep ze in de richting van de boot.

'Wat?' riep Geja.

'Twee!' riep Quinty, wat nauwelijks een goede uitleg was. Maar het hoefde niet. Ze hoefde alleen maar te wijzen.

Want in de verte, verbazend ver weg eigenlijk, maakten twee witsnuitdolfijnen een prachtige sprong. Precies tegelijk. Daarna lieten ze zien dat het vorige succes geen toeval was door het nog eens te doen en toen doken ze voor de laatste keer onder.

'Dag Dolfijntje,' zei Quinty zacht, terwijl de anderen stonden te juichen en in hun handen klapten.

Het zware gevoel dat al zo lang bij haar was, gleed in één keer van haar af.

Het was goed zo.

Nawoord

De gebeurtenissen en personen in dit boek zijn fantasie. In het enige Nederlandse dolfinarium zijn er allerlei regels die het onmogelijk maken dat kinderen met dolfijnen zwemmen. Er is wel een echt Dolphin Rescue Team op Hyves, ik ben er zelf mee begonnen. Daar staan regelmatig nieuwe blogs, foto's en filmpjes op over dolfijnen. Je kunt er ook je voorbereiding voor een spreekbeurt of werkstuk vinden. En we adopteren dolfijnen die hulp nodig hebben.

We bereiden er ook acties voor om te zorgen dat minder mensen het leven van dolfijnen zo moeilijk maken. Er zijn drie dingen waar we wat aan willen veranderen:

– Zwerfafval. Alles wat je netjes weggooit, wordt keurig verbrand en de rook wordt gereinigd. Maar wat op straat belandt, komt uiteindelijk in zee terecht. Of het waait een rivier in of het verteert onder de grond en de chemische stoffen lossen op in het grondwater. Door zwerfafval wordt de zee steeds viezer. Dolfijnen eten vissen, die de chemische stoffen in hun vet hebben opgeslagen.

Daardoor worden ze eerder ziek en minder oud. Dolphin Rescue Team probeert mee te helpen aan het verminderen van het zwerfafval.

– Visserij. Visbedrijven gebruiken grote drijfnetten van kilometers breed om haring en koolvis te vangen. Dolfijnen raken erin verstrikt. Andere visserijbedrijven trekken met sleepnetten de bodem kapot. Dat is niet goed voor het natuurlijke evenwicht in zee. Ook wordt er echolocatie (sonar) gebruikt, waar dolfijnen van in de war raken omdat ze zelf ook vis zoeken met behulp van echolocatie. Dolphin Rescue Team pleit voor een andere manier van visvangst, die het evenwicht in de natuur niet verstoort. Zodat zeezoogdieren gewoon op voedsel kunnen jagen. Vis wordt er misschien wat duurder door, maar is dat erg? Dan eten we maar een visstick minder, maar wel met een beter gevoel, doordat dolfijnen minder last hebben van onze foute vismethoden.

– Tradities. In Japan en op de Faeröer-eilanden in Noord-Europa worden jaarlijks rituele slachtingen gehouden. Hele baaien kleuren rood van het dolfijnenbloed. Via petities (links vind je op onze Hyves-groep Dolphin Rescue Team) kun je meedoen om te laten weten dat we het daar niet mee eens zijn.

Dolfijnen horen in principe in de vrije natuur thuis. Tegenwoordig is het vangen van dolfijnen voor dolfinaria ook verboden. Er is altijd discussie of je in het leven van dolfijnen kunt ingrijpen door ze in een dolfinarium te houden. De dolfijnen in het Dolfinarium in Harderwijk zijn gezond en maken plezier. Je hebt ook lagunes voor toeristen, waar dolfijnen worden verzorgd. Op Curaçao bijvoorbeeld zouden ze zo weg kunnen zwemmen, maar dat doen ze niet. Het zijn kustwatertuimelaars, die van nature in een vaste baai verblijven. Deze dieren zijn ambassadeurs voor hun soortgenoten, die met honderdduizenden per jaar sterven door het toedoen van mensen. Als mensen één keer een ontmoeting hebben gehad met dolfijnen in zo'n dolfinarium, zullen ze hopelijk de rest van hun leven wel twee keer nadenken voor ze hun plastic flesje op straat gooien. Tenminste, dat hoop ik.

www.nielsrood.nl
www.dolphinrescueteam.nl
dolphinrt.hyves.nl

Lees ook het tweede deel over het Dolphin Rescue Team!

ISBN 978 90 475 1310 0

Cas en Quinty zijn op vakantie in Malta. In een klein haventje zien ze iets vreemds: drie mannen die een zware kist aan boord van hun bus tillen. Een paar dagen later zien ze dezelfde mannen op zee. Cas en Quinty besluiten de mannen in de gaten te houden. Maar dan mogen ze niet meer alleen op pad van hun ouders...